するする韓国語

林河運 / 朴瑞庚

 술술한국어

朝日出版社

音声サイトURL

http:// text.asahipress.com/free/korean/
surukan/index.html

まえがき

　本書は大きく分けて「文字と発音編」と「会話と文法のポイントと練習問題編」の二部構成となっており、文法と単語は極力TOPIKに沿って作成し、TOPIKの勉強をするとき、役に立つようにと心がけて作成されました。

「文字と発音編」の部分の工夫
- 口や唇の形、舌の位置を確認しながら練習できるようにしました。
- 書きながら覚えられるように、発音をしながら、発音を聞きながらたくさん練習できるようしました。
- 発音のルールは該当する単語が出たときに説明するようにしました。
- 学習者が気になるような事項については、吹き出しの部分を設けて解説をしました。

「会話と文法のポイントと練習問題編」の部分の工夫
- 会話の部分は極力生きている会話になるよう、また「합니다体」からスタートして、次に「해요体」を学べるようにしました。
- 基本的に練習問題は、ランダムに配置して考えながら勉強できるように工夫をしました。
- 随所に、「旅先で役に立つ韓国語」についての表現を紹介しました。
- 最後の付録の部分には、本書で出てくる文型や助詞のまとめなども設けて、試験勉強をするときに活用できるように工夫を施しました。

　最後に、本書の出版をご快諾してくださった朝日出版社と、編集過程においてご尽力頂いた同編集部の山田敏之様には、心より感謝申し上げます。

2018年10月　著者一同

第 1 課	文字と発音 1：母音	2
第 2 課	文字と発音 2：子音（平音・激音・濃音）	8
第 3 課	文字と発音 3：合成母音	18
第 4 課	文字と発音 4：パッチムと終声	24

日本語の固有名詞と自分の名前をハングルで表記してみよう！ …… 35

第 5 課 저는 다나카 리나입니다. …… 36
- 는/은　～は
- 가/이　～が
- 입니다/입니까?　～です/ですか
- 가/이 아닙니다/아닙니까?　～ではありません/ではありませんか
- 나, 저　わたし、わたくし
- 예, 아니요　はい、いいえ

分かち書き …… 43

第 6 課 누구 사전이에요? …… 44
- 의　～の
- 도　～も
- 예요/이에요(?)　～です（か）
- 가/이 아니에요(?)　～ではありません（か）
- 이, 그, 저, 어느　この、その、あの、どの
- 내, 제　わたしの、わたくしの

第 7 課 서점은 어디에 있습니까? …… 50
- 를/을　～を
- 에 (장소, 시간)　～に (場所、時間)
- ㅂ니다/습니다, -ㅂ니까/습니까?　～です/ます、～ですか/ますか
- ㄹ脱落
- 여기, 거기, 저기, 어디　ここ、そこ、あそこ、どこ
- 漢数詞

第 8 課 오후에 시간 있어요? …… 58
- 에서　～（場所）で
- (으)로　～（方向）へ
- 하고　～と
- 아요/어요/여요(?)　～です（か）/ます（か）
- 세요/으세요　～（し）てください
- 를/을 좋아하다/싫어하다　～が好きだ/嫌いだ

うちとけた「です・ます」体の作り方 (1) (2) …… 63

第 9 課　지금 바쁘지 않아요？ ·· 68
　　　　－고　　　〜（し）て／くて
　　　　－고 싶다　　〜（し）たい
　　　　－（으）러 가다　　〜（し）に行く
　　　　－（으）ㄹ까요？　　〜（し）ましょうか
　　　　안－／－지 않다　　〜（し）ない／くない
　　　　으脱落

第 10 課　몇 시에 일어나요？ ·· 78
　　　　－부터 －까지　　〜（時間）から〜（時間）まで
　　　　固有数詞
　　　　時間関係のことば（年月日、時刻、曜日、週、月、昨日／今日／明日、年）
　　　　－고 있다　　〜（し）ている

第 11 課　부모님은 어디에 계십니까？ ··· 86
　　　　－에서 －까지　　〜（場所）から〜（場所）まで
　　　　－（으）로　　〜（手段、方法、材料）で
　　　　－께　　〜（人）に
　　　　尊敬形　－（으）시－　　〜なさる／（ら）れる／お〜になる
　　　　－（으）려고 하다　　〜（し）ようとする

第 12 課　어제 뭘 했어요？ ·· 96
　　　　－았／었／였－
　　　　ㅂ不規則
　　　　－（으）면서　　〜（し）ながら
　　　　－（으）ㄹ 거예요（？）　　〜するつもりです（か）、〜でしょう

うちとけた「です・ます」体の過去形の作り方 (1)(2) ·· 101

付　録 ··· 105
　　・文法用語のまとめ
　　・発音ルール
　　・日本語のハングル表記
　　・キーボード入力方式
　　・本テキストに出てくる助詞のまとめ
　　・その他の助詞のまとめ
　　・主な文法のフレーズ
　　・漢数詞
　　・固有数詞
　　・年月日
　　・時刻の言い方
　　・曜日
　　・時間関係のことば
　　・固有語の日にち

単語集 ·· 119

第1課 文字と発音1：母音

1. 名称

「韓国語」とは主に朝鮮半島で話されている言語のことです。「ハングル」とは韓国語を書き記すための表音文字のことです。ハングルは1443年に朝鮮王朝第4代世宗王が創製し、1446年に「訓民正音」という名で公布されました。

意味に関係なく音声面と関連づけて表記する文字のことを表音文字という。ハングルは、例えば一つの漢字 市 の韓国語発音を一文字 시(シ) で表現できるように作られている。

2. ハングル

ハングルは、一見複雑な記号のように見えますが、原理を理解すれば、それほど難しくありません。ハングルは15世紀に当時の言語学の知識と哲学的思想をベースに作られました。

ハングルの母音字の形は、天（・）、地（ー）、人（｜）をかたどって作られました。その背景には儒教哲学による陰陽五行の思想が宿っています。

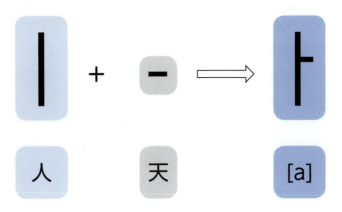

　ハングルの子音字の形は、その子音を発音するときの口や舌や喉の形にならって作られました。

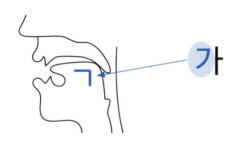

文字の仕組みとしてはおおよそ次のようなものがあります。

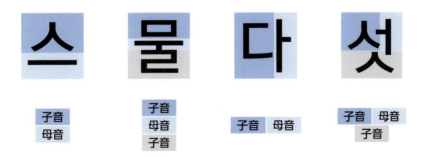

　스, 물, 다, 섯のようなひとまとまりを音節といいます。音節の最初にくる子音を 初声 、次にくる母音を 中声 、最後にくる子音を 終声 といいます。

3. 母音字 I

韓国語の母音は陽性母音と陰性母音に分けることができます。ㅏ ㅗ は陽性母音で、ㅓ ㅜ ㅡ は陰性母音です。ㅣ は中性母音ですが、用言を活用するとき、陰性母音として扱われます。

CD-2

文字	発音	書き順			練習		
ㅏ	[a]	ㅣ	ㅏ				
ㅑ	[ja]	ㅣ	ㅏ	ㅑ			
ㅓ	[ə]	ー	ㅓ				
ㅕ	[jə]	ー	=	ㅕ			
ㅗ	[o]	ㅣ	ㅗ				
ㅛ	[jo]	ㅣ	ㅐ	ㅛ			
ㅜ	[u]	ー	ㅜ				
ㅠ	[ju]	ー	ㅜ	ㅠ			
ㅡ	[ɨ]	ー					
ㅣ	[i]	ㅣ					

ハングルは基本的に子音で書き始めます。ただし、母音から書き始める場合は、ゼロの印である ㅇ をつけます。書き順は、左から右へ、上から下の順番です。

練習 次の母音字を書きながら覚えよう。

아	야	어	여	오	요	우	유	으	이

練習 次の単語を発音してみよう。 CD-3

우유

아이

오이

여우

先生の発音を聞いて正しい文字を選んでみよう。

① 아 □   야 □
② 으 □   이 □
③ 오 □   어 □
④ 우 □   으 □
⑤ 여 □   요 □

 次の単語を発音してみよう。

① 여유   ② 우아   ③ 이유   ④ 아오이

안녕하십니까?
こんにちは。

안녕히 가세요.
さようなら（去る人へ）。

안녕하세요?
こんにちは。

안녕히 계세요.
さようなら（残る人へ）。

1. 音声を聞いて発音してみよう。 CD-6

   ① 아이　　② 이유　　③ 여유　　④ 우유
   ⑤ 아오이　⑥ 여우　　⑦ 우아　　⑧ 오이

2. 音声を聞いて発音している文字を書いてみよう。 CD-7

   ① 오( )　② ( )아　③ ( )우　④ 아( )이
   ⑤ 우( )　⑥ ( )이　⑦ 여( )　⑧ ( )유

語彙と表現

우유	牛乳
아이	子供
오이	キュウリ
여우	きつね

여유	余裕
우아	優雅
이유	理由
아오이	あおい（人の名前）

안녕하십니까?	こんにちは。
안녕하세요?	こんにちは。
안녕히 가세요.	さようなら（去る人へ）。
안녕히 계세요.	さようなら（残る人へ）。

第2課 文字と発音2：子音（平音・激音・濃音）

韓国語の子音は平音・激音・濃音で構成されています。

1. 子音字Ⅰ

平音は穏やかな音です。

文字	発音	書き順			練習		
ㄱ	[k/g]	ㄱ					
ㄴ	[n]	ㄴ					
ㄷ	[t/d]	ー	ㄷ				
ㄹ	[r/l]	ㄱ	ㅋ	ㄹ			
ㅁ	[m]	ㅣ	ㄇ	ㅁ			
ㅂ	[p/b]	ㅣ	ㅂ	ㅂ			
ㅅ	[s, ʃ]	ノ	ㅅ				
ㅇ	[-/ŋ]	ㅇ					
ㅈ	[tʃ/dʒ]	ㄱ	ㅈ				
ㅎ	[h]	ー	ㅡ	ㅎ			

練習 母音字と子音字（平音）を組み合わせて書きながら覚えよう。

子音 母音	ㄱ [k/g]	ㄴ [n]	ㄷ [t/d]	ㄹ [r/l]	ㅁ [m]	ㅂ [p/b]	ㅅ [s, ʃ]	ㅇ [-]	ㅈ [tʃ/dʒ]	ㅎ [h]
ㅏ [a]	가	나	다	라	마	바	사	아	자	하
ㅑ [ja]		냐								
ㅓ [ə]			더							
ㅕ [jə]				려						
ㅗ [o]					모					
ㅛ [jo]						뵤				
ㅜ [u]							수			
ㅠ [ju]								유		
ㅡ [ɨ]									즈	
ㅣ [i]										히

次の単語を発音してみよう。

고기	나무	다리	미소
바지	지도	나비	허리
휴지	구두	바다	라디오

有声音化 (p.109)

고기 [kogi]　　바지 [padʒi]　　나비 [nabi]　　구두 [kudu]

次の単語を発音しながら書いてみよう。

거리 通り	거리			
두부 豆腐	두부			
뉴스 ニュース	뉴스			
모자 帽子	모자			
주스 ジュース	주스			
비누 石鹸	비누			
아버지 父	아버지			
어머니 母	어머니			

2. 子音字 Ⅱ

激音は強い息を伴う音です。

文字	発音	書き順			練習		
ㅊ	[tʃʰ]	˙	ㅈ	ㅊ			
ㅋ	[kʰ]	ㄱ	ㅋ				
ㅌ	[tʰ]	ㅡ	ㄷ	ㅌ			
ㅍ	[pʰ]	ㅡ	ㅠ	ㅍ			

3. 子音字 Ⅲ

濃音は喉を緊張させて発音する音です。

文字	発音	書き順		練習		
ㄲ	[k']	ㄱ	ㄲ			
ㄸ	[t']	ㄷ	ㄸ			
ㅃ	[p']	ㅂ	ㅃ			
ㅆ	[s']	ㅅ	ㅆ			
ㅉ	[tʃ']	ㅈ	ㅉ			

練習 母音字と子音字（激音・濃音）を組み合わせて書きながら覚えよう。

子音 母音	ㅊ [tʃʰ]	ㅋ [kʰ]	ㅌ [tʰ]	ㅍ [pʰ]	ㄲ [k']	ㄸ [t']	ㅃ [p']	ㅆ [s']	ㅉ [tʃ']
ㅏ [a]	차	카	타	파	까	따	빠	싸	짜
ㅑ [ja]	챠								
ㅓ [ə]		커							
ㅕ [jə]			텨						
ㅗ [o]				포					
ㅛ [jo]					꾜				
ㅜ [u]						뚜			
ㅠ [ju]							쀼		
ㅡ [ɨ]								쓰	
ㅣ [i]									찌

📝 **練 習** 先生の発音を聞いて正しい文字を選んでみよう。

① 바 □   파 □   빠 □
② 다 □   타 □   따 □
③ 가 □   카 □   까 □
④ 자 □   차 □   짜 □
⑤ 사 □   싸 □

 📝 **練 習** 次の単語を発音してみよう。

토끼　　카드　　파티　　치즈

까치　　토마토　　커피　　스포츠

뿌리　　피아노　　쿠키　　아파트

練習 次の単語を発音しながら書いてみよう。

우표 切手	우표			
치마 スカート	치마			
자꾸 しきりに	자꾸			
오빠 お兄さん	오빠			
아저씨 おじさん	아저씨			
차 車、お茶	차			
아까 さっき	아까			
또 また	또			

第2課

決まり文句 ❷

CD-12

감사합니다. / 고맙습니다.
ありがとうございます。

수고하셨습니다.
お疲れさまでした。

1. 音声を聞いて発音してみよう。 CD-13

① 거리　② 비누　③ 모자　④ 아버지
⑤ 오빠　⑥ 자꾸　⑦ 우표　⑧ 아저씨

2. 音声を聞いて正しい文字を選んでみよう。 CD-14

① 나비　바지　나무
② 허리　지도　다리
③ 아가　아카　아까
④ 도끼　토끼　도기　토키

3. 音声を聞いて発音している文字を表の中から選んで書いてみよう。 CD-15

| 디, 지, 드, 즈 |

① 치(　)　② 라(　)오

| 바, 파, 빠, 가, 카, 까 |

③ 아(　)트　④ (　)치

〈ビンゴゲーム！〉

1. 先生の発音を聞いてみよう。

가	바	싸	타
까	따	사	빠
파	다	카	자
짜	차	하	마

2. 友達とゲームをしてみよう。

語彙と表現

거리	街、通り		아저씨	おじさん
고기	肉		아파트	マンション
구두	靴		어머니	母、お母さん
까치	カササギ（鳥）		오빠	兄（妹から）
나무	木		우표	切手
나비	蝶		자꾸	しきりに
뉴스	ニュース		주스	ジュース
다리	脚、橋		지도	地図
두부	豆腐		차	お茶、車
또	また		치마	スカート
라디오	ラジオ		치즈	チーズ
모자	帽子		카드	カード
미소	微笑、ほほえみ		커피	コーヒー
바다	海		쿠키	クッキー
바지	ズボン		토끼	ウサギ
비누	石鹸		토마토	トマト
뿌리	根		파티	パーティー
스포츠	スポーツ		피아노	ピアノ
아까	さっき		허리	腰
아버지	父、お父さん		휴지	ちり紙

第2課

감사합니다.	ありがとうございます。
고맙습니다.	ありがとうございます。(親しい間柄で)
수고하셨습니다.	お疲れさまでした。

MEMO

第3課　文字と発音3：合成母音

1. 母音字Ⅱ

CD-16

文字	発音	書き順		練習			
ㅐ	[ɛ]	ㅏ	ㅐ				
ㅒ	[jɛ]	ㅑ	ㅒ				
ㅔ	[e]	ㅓ	ㅔ				
ㅖ	[je]	ㅕ	ㅖ				
ㅘ	[wa]	ㅗ	ㅘ				
ㅙ	[wɛ]	ㅗ	ㅙ				
ㅚ	[ö]	ㅗ	ㅚ				
ㅝ	[wə]	ㅜ	ㅝ				
ㅞ	[we]	ㅜ	ㅞ				
ㅟ	[wi]	ㅜ	ㅟ				
ㅢ	[ɨi]	ㅡ	ㅢ				

※ ㅢ は語頭で ㅇ と組み合わせたとき以外は、[이] で発音します。

의사 [의사]　　　주의 [주이]　　　희다 [히다]

次の母音字を書きながら覚えよう。

애	얘	에	예	와	왜	외	워	웨	위	의

 次の単語を発音してみよう。 CD-17

왜

예

위

애

새

귀

의자

가위

 先生の発音を聞いて単語を完成させよう。

노	교	왜	과	개	미
래	우	지	사	계	치
취	회	시	서	배	가

① _____ ② _____ ③ _____ ④ _____

⑤ _____ ⑥ _____ ⑦ _____ ⑧ _____

✏️ **練習** 次の単語を発音しながら書いてみよう。

배 腹、船、梨	배			
노래 歌	노래			
사과 リンゴ	사과			
취미 趣味	취미			
시계 時計	시계			
회사 会社	회사			
지우개 消しゴム	지우개			
교과서 教科書	교과서			

CD-18

決まり文句 ❸

괜찮아요.
大丈夫です。

미안합니다. / 죄송합니다.
　ごめんなさい。　申し訳ございません。

축하합니다.
おめでとうございます。

練習問題

1. 音声を聞いて発音してみよう。 CD-19

① 애　　② 예　　③ 왜　　④ 배
⑤ 귀　　⑥ 취미　⑦ 노래　⑧ 지우개

2. 音声を聞いて正しい文字を選んでみよう。 CD-20

① 위　　이　　웨
② 쉬　　쉐　　새
③ 해사　회사　회수
④ 사과　사규　사계

3. 音声を聞いて発音している文字を表の中から選んで書いてみよう。 CD-21

| 이, 위, 의, 으 |

① 가(　)　　② (　)자

| 고, 교, 과, 기, 계, 궤 |

③ 교(　)서　　④ 시(　)

4. 表の中の単語を読んで答えなさい。

| 피자, 테니스, 스키, 파스타
스파게티, 케이크, 스케이트 |

① 食べ物：（　　　　　　　　　　　　　　）
② スポーツ：（　　　　　　　　　　　　　）

語彙と表現

가위	はさみ		왜	なぜ
교과서	教科書		위	上
귀	耳		의사	医者
노래	歌		의자	椅子
배	腹、船、梨		주의	注意
사과	リンゴ		지우개	消しゴム
새	鳥、新しい		취미	趣味
스케이트	スケート		케이크	ケーキ
스키	スキー		테니스	テニス
스파게티	スパゲッティ		파스타	パスタ
시계	時計		피자	ピザ
애	子供（縮約形）		회사	会社
예	はい		희다	白い

괜찮아요.	大丈夫です。
미안합니다.	ごめんなさい。
죄송합니다.	申し訳ございません。
축하합니다.	おめでとうございます。

MEMO

反切表

子音＼母音	ㅏ [a]	ㅑ [ja]	ㅓ [ə]	ㅕ [jə]	ㅗ [o]	ㅛ [jo]	ㅜ [u]	ㅠ [ju]	ㅡ [ɨ]	ㅣ [i]
ㄱ [k/g]	가	갸	거	겨	고	교	구	규	그	기
ㄴ [n]	나	냐	너	녀	노	뇨	누	뉴	느	니
ㄷ [t/d]	다	댜	더	뎌	도	됴	두	듀	드	디
ㄹ [r/l]	라	랴	러	려	로	료	루	류	르	리
ㅁ [m]	마	먀	머	며	모	묘	무	뮤	므	미
ㅂ [p/b]	바	뱌	버	벼	보	뵤	부	뷰	브	비
ㅅ [s, ʃ]	사	샤	서	셔	소	쇼	수	슈	스	시
ㅇ [-/ŋ]	아	야	어	여	오	요	우	유	으	이
ㅈ [tʃ/dʒ]	자	쟈	저	져	조	죠	주	쥬	즈	지
ㅊ [tʃʰ]	차	챠	처	쳐	초	쵸	추	츄	츠	치
ㅋ [kʰ]	카	캬	커	켜	코	쿄	쿠	큐	크	키
ㅌ [tʰ]	타	탸	터	텨	토	툐	투	튜	트	티
ㅍ [pʰ]	파	퍄	퍼	펴	포	표	푸	퓨	프	피
ㅎ [h]	하	햐	허	혀	호	효	후	휴	흐	히

第3課

第4課 文字と発音4：パッチムと終声

　下につく子音字のことをパッチムと言います。パッチムに来る子音字は最大2つです。すべての子音字がパッチムとして使われますが、発音は次の7種類の代表音に限ります。

パッチム	代表音
ㄱ, ㅋ, ㄲ (ㄳ, ㄺ)	ㄱ [k]
ㄴ (ㄵ, ㄶ)	ㄴ [n]
ㄷ, ㅌ, ㅅ, ㅆ, ㅈ, ㅊ, ㅎ	ㄷ [t]
ㄹ (ㄼ, ㄽ, ㄾ, ㅀ)	ㄹ [l]
ㅁ (ㄻ)	ㅁ [m]
ㅂ, ㅍ (ㅄ, ㄿ)	ㅂ [p]
ㅇ	ㅇ [ŋ]

＊○内の二文字パッチムは右側を発音

CD-23

악 [악]　안 [안]　앋 [앋]　알 [알]

암 [암]　압 [압]　앙 [앙]

꽃 [꼳]　값 [갑]　닭 [닥]

終声 [ㅂ,ㄷ,ㄱ] の発音の仕方

「あっぱれ」を発音するつもりで「あっ」と発音すると、唇がついた状態になります。これが終声 [ㅂ] の発音です。

「あった」を発音するつもりで「あっ」と発音すると、舌が歯茎の裏についた状態になります。これが終声 [ㄷ] の発音です。

「あっか」を発音するつもりで「あっ」と発音すると、舌が奥の方に盛り上がり、上あごの奥の方についた状態になります。これが終声 [ㄱ] の発音です。

 終声 [ㅁ,ㄴ,ㅇ] の発音の仕方

「あんま」を発音するつもりで「あん」と発音すると、唇がついた状態で、鼻の穴から息が出ます。これが終声 [ㅁ] の発音です。

「あんた」を発音するつもりで「あん」と発音すると、舌が歯茎の裏についた状態で、鼻の穴から息が出ます。これが終声 [ㄴ] の発音です。

「あんかー」を発音するつもりで「あん」と発音すると、舌が奥の方に盛り上がり、上あごの奥の方についた状態で、鼻の穴から息が出ます。これが終声 [ㅇ] の発音です。

 終声 [ㄹ] の発音の仕方

舌先を歯茎の裏にしっかりつけて発音します。このとき、舌が離れないように注意しましょう。

先生の発音を聞いて正しい文字を選んでみよう。

① 압 □　안 □　악 □
② 암 □　안 □　앙 □
③ 앉 □　알 □　앍 □
④ 앞 □　앛 □　앋 □

CD-24 次の単語を発音してみよう。

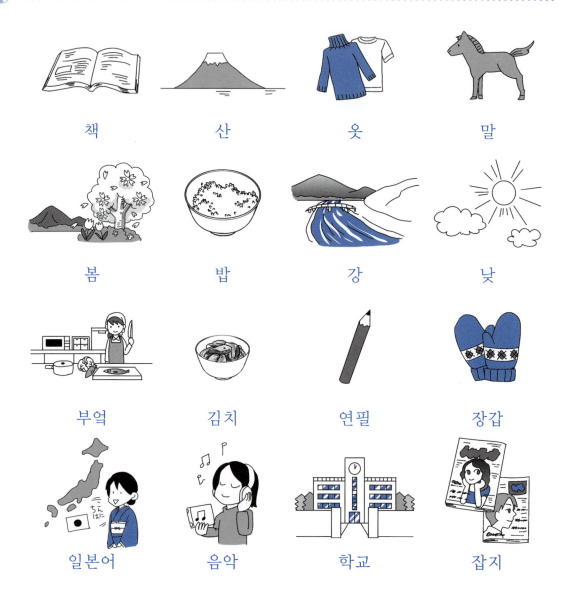

책　　산　　옷　　말

봄　　밥　　강　　낮

부엌　　김치　　연필　　장갑

일본어　　음악　　학교　　잡지

連音化 (☞ p.109)

일본어 ［일보너］　　　음악 ［으막］

濃音化 (☞ p.109)

학교 ［학꾜］　　　잡지 ［잡찌］

練習 先生の発音を聞いて単語を完成させよう。

일	경	락	복	터	상
인	넷	이	생	안	단
순	책	놀	어	가	한

① _____　② _____　③ _____　④ _____

⑤ _____　⑥ _____　⑦ _____　⑧ _____

第4課

MEMO

✏️ **練習** 次の単語を発音しながら書いてみよう。

안경	안경			
眼鏡				
한복	한복			
韓服				
인터넷	인터넷			
インターネット				
생일	생일			
誕生日				
단어	단어			
単語				
놀이	놀이			
遊び				
책상	책상			
机				
숟가락	숟가락			
スプーン				

CD-25 ✏️ **練習** 次の単語を発音してみよう。

입학

축하

지하철

만화

激音化 (☞ p.110)

입학 [이팍]　　　축하 [추카]

ㅎ 弱音・無音化 (☞ p.110)

지하철 [지아철]　　　만화 [마놔]

練習 次の単語を発音しながら書いてみよう。

백화점	백화점			
デパート				
이렇게	이렇게			
このように				
고향	고향			
故郷				
결혼	결혼			
結婚				

第4課

決まり文句 ❹

CD-26

많이 드세요.
たくさん召し上がってください。

잘 먹겠습니다.
いただきます。

잘 먹었습니다.
ごちそうさまでした。

練習問題

1. 音声を聞いて発音してみよう。　CD-27

① 終声［ㄱ］：책　약
② 終声［ㄴ］：산　눈
③ 終声［ㄷ］：옷　낮
④ 終声［ㄹ］：말　달
⑤ 終声［ㅁ］：봄　감
⑥ 終声［ㅂ］：밥　탑
⑦ 終声［ㅇ］：강　빵

2. 音声を聞いて発音しているパッチムを表の中から選んで書いてみよう。　CD-28

| ㄱ | ㄴ | ㄷ | ［ㅅ］ | ㄹ | ㅁ | ㅂ | ㅇ |

① イチゴ　　따 기
　　　　　　　（　）
② 葉書　　　여 서
　　　　　　　（　）
③ カバン　　가 바
　　　　　　　（　）
④ 男　　　　나 자
　　　　　　　（　）
⑤ スイカ　　수 바
　　　　　　　（　）
⑥ 傘　　　　우 사
　　　　　　　（　）
⑦ 歯ブラシ　치 솔
　　　　　　　（　）
⑧ ボールペン　보 페
　　　　　　　（　）（　）
⑨ 返事　　　다 자
　　　　　　　（　）（　）
⑩ 先生　　　서 새 니
　　　　　　　（　）（　）（　）

3. 音声を聞いて発音してみよう。　CD-29

① 連音化　　　　：일본어　음악　단어　발음
② 濃音化　　　　：학교　잡지　책상　숟가락
③ 激音化　　　　：입학　축하　백화점　이렇게
④ ㅎ弱音・無音化：지하철　만화　고향　결혼

4. 発音の間違いを探してなおしてみよう。

① 飛行機　　비행기［비앵기］
② 宿題　　　숙제［숙쩨］
③ 置く　　　놓다［농다］
④ 職員　　　직원［지권］

語彙と表現

가방	鞄		생일	誕生日
감	柿		선생님	先生
값	値段		수박	スイカ
강	川		숙제	宿題
결혼	結婚		숟가락	スプーン
고향	故郷		안경	メガネ
김치	キムチ		약	薬、約
꽃	花		연필	鉛筆
남자	男		엽서	はがき
낮	昼、日中		옷	服
놀이	遊び		우산	傘
놓다	置く		음악	音楽
눈	目、雪		이렇게	このように
단어	単語		인터넷	インターネット
달	月（つき、げつ）		일본어	日本語
닭	ニワトリ		입학	入学
답장	返信、返事		잡지	雑誌
딸기	イチゴ		장갑	手袋
만화	漫画		지하철	地下鉄
말	言葉、馬		직원	職員
밥	飯、ご飯		책	本
백화점	デパート		책상	机
볼펜	ボールペン		축하	祝賀
봄	春		칫솔	歯ブラシ
부엌	台所		탑	塔
비행기	飛行機		학교	学校
빵	パン		한복	韓服
산	山			

많이 드세요.	たくさん召し上がってください。
잘 먹겠습니다.	いただきます。
잘 먹었습니다.	ごちそうさまでした。

第4課

第1課

우유	牛乳
아이	子供
오이	キュウリ
여우	きつね

여유	余裕
우아	優雅
이유	理由
아오이	あおい（人の名前）

あいさつ表現

안녕하십니까?	こんにちは。
안녕하세요?	こんにちは。
안녕히 가세요.	さようなら（去る人へ）。
안녕히 계세요.	さようなら（残る人へ）。

第2課

거리	街、通り
고기	肉
구두	靴
나무	木
나비	蝶
다리	脚、足、橋
두부	豆腐
또	また
라디오	ラジオ
모자	帽子
바다	海
아까	さっき
바지	ズボン

비누	石鹸
아버지	父、お父さん
아저씨	おじさん
어머니	母、お母さん
오빠	兄（妹から）
우표	切手
자꾸	しきりに
지도	地図
차	お茶、車
치마	スカート
커피	コーヒー
휴지	ちり紙

あいさつ表現

감사합니다.	ありがとうございます。
고맙습니다.	ありがとうございます。（親しい間柄で）
수고하셨습니다.	お疲れさまでした。

第3課

가위	はさみ
교과서	教科書
귀	耳
노래	歌
배	腹、船、梨
사과	リンゴ
새	鳥、新しい
시계	時計
애	子供（縮約形）
예	はい

왜	なぜ
위	上
의사	医者
의자	椅子
주의	注意
지우개	消しゴム
취미	趣味
케이크	ケーキ
회사	会社
희다	白い

あいさつ表現

괜찮아요.	大丈夫です。
미안합니다.	ごめんなさい。
죄송합니다.	申し訳ございません。
축하합니다.	おめでとうございます。

第4課

가방	鞄
값	値段
결혼	結婚
꽃	花
남자	男
놀이	遊び
만화	漫画
밥	飯、ご飯
백화점	デパート
봄	春
부엌	台所
비행기	飛行機
빵	パン
생일	誕生日
선생님	先生

숙제	宿題
숟가락	スプーン
안경	メガネ
연필	鉛筆
옷	服
우산	傘
이렇게	このように
일본어	日本語
잡지	雑誌
장갑	手袋
지하철	地下鉄
책	本
책상	机
축하	祝賀
학교	学校

あいさつ表現

많이 드세요.	たくさん召し上がってください。
잘 먹겠습니다.	いただきます。
잘 먹었습니다.	ごちそうさまでした。

〈旅先で使える表現①　挨拶〉

1. 안녕하세요?　　　　　　　　こんにちは。
   ＊「おはようございます」と「こんばんは」も同じ。

2. 처음 뵙겠습니다.　　　　　　はじめまして。

3. 반가워요.　　　　　　　　　お会いできて嬉しいです。

4. 제 이름은 ○○입니다.　　　　私の名前は○○です。

5. 잘 부탁합니다.　　　　　　　よろしくお願いします。

6. 오래간만입니다.　　　　　　お久しぶりです。

7. 잘 지내요?　　　　　　　　　元気ですか。
   ＊久しぶりに会った時には「잘 지냈어요?」と言います。

8. 안녕히 계세요.　　　　　　　さようなら（残る人へ）。

9. 안녕히 가세요.　　　　　　　さようなら（去る人へ）。
   ＊道端で別れるときには、お互いに「안녕히 가세요」を使います。

10. 안녕히 주무세요.　　　　　　お休みなさい。

11. 신세 많았습니다.　　　　　　お世話になりました。

12. 수고하셨어요.　　　　　　　お疲れ様でした。

13. 즐거웠습니다.　　　　　　　楽しかったです。

14. 또 만납시다.　　　　　　　　また会いましょう。

15. 아니에요.　　　　　　　　　違います。
    ＊最近は、「감사합니다」の返事としてよく使われる。

MEMO

日本語の固有名詞と自分の名前をハングルで表記してみよう！

＊p.112「日本語のハングル表記」参照。

① 「か行、た行、ちゃ、ちゅ、ちょ」は単語の最初では「ㄱ, ㄷ, ㅈ」、それ以外（語中）では「ㅋ, ㅌ, ㅊ」で表記する。

　　　　　　　　　　　たくみ → 다쿠미

② 濁音が付いているのは語頭でも語中でも「ㄱ, ㄷ, ㅂ, ㅈ」で表記する。

　　　　　　　　　　　銀座（ぎんざ）→ 긴자

③ 長音（伸ばす音）は表記しない。

　　　　　　　　　　　大阪（おおさか）→ 오사카

④ 促音「っ」はパッチムの ㅅ を用いて表記する。

　　　　　　　　　　　札幌（さっぽろ）→ 삿포로

⑤ 撥音「ん」はパッチムの ㄴ を用いて表記する。

　　　　　　　　　　　群馬（ぐんま）→ 군마

練習

① 新潟（にいがた）：
② 鳥取（とっとり）：
③ 神田（かんだ）：
④ 東京（とうきょう）：
⑤ 松江（まつえ）：
⑥ 純一郎（じゅんいちろう）：
⑦ 岐阜（ぎふ）：
⑧ 新田（にった）

自分の名前：＿＿＿＿＿＿＿＿＿＿＿＿＿＿＿＿＿＿＿＿＿＿＿（フルネームで）

第 5 課 저는 다나카 리나입니다.

学習目標
~です / ですか　　～ではありません / ではありませんか
- 입니다 / 입니까?, - 가 / 이 아닙니다 / 아닙니까?

CD-30

누리 : 안녕하세요? 저는 김누리입니다.
　　　　처음 뵙겠습니다.
리나 : 안녕하십니까? 저는 다나카 리나입니다.
　　　　만나서 반갑습니다.
누리 : 다나카 씨는 회사원입니까?
리나 : 아니요, 회사원이 아닙니다.
　　　　대학생입니다. 잘 부탁합니다.

거울	鏡		씨	氏、さん*
공무원	公務員		아니요	いいえ
공책	ノート		요리사	調理師
그림	絵		이름	名前
나	私（わたし）、僕		일본	日本
냉장고	冷蔵庫		저	私（わたくし）
네	はい、ええ		종이	紙
누나	姉（弟から）		창문	窓
대학생	大学生		청소기	掃除機
동물	動物		침대	ベッド
딸	娘		한국	韓国
물건	物、品物		형	兄（弟から）
사람	人		회사원	会社員
선물	プレゼント		휴게실	休憩室

あいさつ表現

만나서 반갑습니다.	お会いできてうれしいです。
또 만나요.	また、会いましょう。
오래간만입니다.	お久しぶりです。
잘 부탁합니다.	よろしくお願いします。
처음 뵙겠습니다.	初めまして。

第5課

＊韓国語では名字だけに - 씨 を付けて言うと、失礼な言い方になるので目上の方には用いない。下の名前に - 씨 を付けるか、それともフルネームで - 씨 を付けるのは、同年代か目下の人にだけ用いる。また、事務的なニュアンスがあるので親しい人には用いない。

親しい人：名前で呼び合う。

目上の方：肩書きの後に「님」をつけるか、フルネームの後に「님」をつけて言う。

文法のポイント

1 - 는 / 은   ～は

主題を表わす助詞です。

| 母音で終わる体言 ⇒ 는 |
| 子音で終わる体言 ⇒ 은 |

누나는
창문은

練習 ① 아저씨(　　　)　② 선물(　　　)

2 - 가 / 이   ～が

主格を表わす助詞です。

| 母音で終わる体言 ⇒ 가 |
| 子音で終わる体言 ⇒ 이 |

봉투가
이름이

練習 ① 동물(　　　)　② 종이(　　　)

3 - 입니다 / 입니까 ?   ～です/ですか

합니다体Ⅰ：指定詞の肯定形 이다 の합니다体です。体言に続けて書きます。

교사입니다.
거울입니까?

교사は小学校、中学校、高校などで生徒を教えている人であり、職業の一種を表わすことばである。一方、선생님は広い意味で学生を教えている人、また学芸が優れている人を尊敬して言うことばである。

4 - 가 / 이 아닙니다 / 아닙니까 ?   ～ではありません/ではありませんか

指定詞の肯定形 이다 の否定表現です。

| 母音で終わる体言 ⇒ 가 아닙니다 |
| 子音で終わる体言 ⇒ 이 아닙니다 |

요리사가 아닙니까?
시골이 아닙니다.

① 안내원(　　) 아닙니다.
② 주부(　　)(　　　　)?

 用言は活用することばである。韓国語の用言には、動詞、形容詞、存在詞、指定詞の4種類がある。指定詞に属する用言には、-이다（～である）と-아니다（～でない）がある。

5 나, 저 わたし、わたくし

一人称代名詞で、저는 나の謙譲語です。

나는 배우입니다.
저는 한국 사람입니다.

6 예, 아니요 はい、いいえ

肯定の返事、否定の返事を表わすことばです。

 肯定の返事を表わすことばには 예 以外に 네 もあるが、예 の方がより格式のある、かしこまった言い方である。

7 鼻音化 (☞ p.111)

입니다 [임니다]　　반갑습니다 [반갑씀니다]

決まり文句 5

또 만나요.
また、会いましょう。

오래간만입니다.
お久しぶりです。

CD-31

1. 例にならって書いてみよう。

(1) ┃-가/이   -는/은┃

(例) ベッドが 침대(가)
① ノートは 공책(   )　　② 掃除機が 청소기(   )
③ 冷蔵庫は 냉장고(   )　　④ 品物が 물건(   )

(2) ┃-는/은   -입니다┃

(例) 나(わたし), 유학생(留学生) → (나는 유학생입니다).
① 저(わたくし), 일본 사람(日本人)
　→ (   ).
② 딸(娘), 간호사(看護師)
　→ (   ).

(3) ┃-가/이   -입니까?┃

(例) 고향(故郷), 서울(ソウル) → (고향이 서울입니까)?
① 형(兄), 약사(薬剤師)
　→ (   )?
② 취미(趣味), 그림(絵)
　→ (   )?

(4) (例) 휴게실입니다(休憩室です) → (휴게실이 아닙니다).
① 공무원입니다(公務員です)　→ (   ).
② 포도입니다(ぶどうです)　→ (   ).

2. 間違った文を１つ選んで、正しくなおしてみよう。

① 저는 대학생입니다.
② 안내원입니다.
③ 누리 씨는 요리사이 아닙니까?
　→ (   )

1. 日本語訳を書いてみよう。

① 네, 저는 유학생입니다.
　→ (　　　　　　　　　　　　　　　　　　　　　)。

② 아니요, 간호사가 아닙니다.
　→ (　　　　　　　　　　　　　　　　　　　　　)。

③ 다나카 씨는 대학생입니까?
　→ (　　　　　　　　　　　　　　　　　　　　　)?

2. 音声を聞いて日本語訳を書いてみよう。　CD-32

①
②
③
④

3. AとBの会話です。下線部に最も適切な表現を選んでみよう。

(1) A: 처음 뵙겠습니다.
　　B: _____
① 미안합니다.　　　　② 안녕하세요?
③ 괜찮아요.　　　　　④ 만나서 반갑습니다.

(2) A: 회사원입니까?
　　B: _____
① 예, 간호사입니다.　　　② 아니요, 회사원입니다.
③ 예, 회사원이 입니다.　　④ 아니요, 회사원이 아닙니다.

友達と話してみよう

A: 처음 뵙겠습니다. 저는 (自分の名前) 입니다.
B: _____
A: (友達の名前) 씨는 한국 사람입니까?
B: _____

第5課

〈旅先で使える表現②　話しかける〉

1. 저기.　　　　　　　　　　　あのー（呼びかける）。

2. 저기요.　　　　　　　　　　すみません（呼び止めるとき）。

3. 여기요!　　　　　　　　　　すみません（呼び寄せるとき）。
   ＊「ここです」の意味で、飲食店などで使います。

4. 이건 뭐예요?　　　　　　　これは何ですか。

5. ○○ 어디예요?　　　　　　○○はどこですか。

6. ○○ 있어요?　　　　　　　○○はありますか。

7. 화장실이 어디예요?　　　　トイレはどこですか。

8. ○○ 괜찮아요? / 괜찮습니까?
   　　　　　　　　　　　　　○○しても良いですか。

9. 여기에 앉아도 괜찮아요? / 괜찮습니까?
   　　　　　　　　　　　　　ここに座っても良いですか。

10. 담배를 피워도 괜찮아요? / 괜찮습니까?
    　　　　　　　　　　　　　タバコを吸っても良いですか。

11. 일본어는 할 줄 아세요?　　日本語はできますか。

MEMO

分かち書き

　韓国語の文章を書くときは分かち書きをします。分かち書きとは意味のまとまりで区切って空白を入れて文章を書くことです。分かち書きをすると、誤解を避けて正確な意味を伝えることができます。次のポイントをおさえて分かち書きになれるようにしましょう。

ポイント ① 　単語と単語は離して書きます。

한국어, 수업　→　한국어 수업（韓国語の授業）
가족, 사진　→　가족 사진（家族の写真）

ポイント ② 　助詞は前の語につけて書きます（自立性のないものは前の言葉につけて書きます）。

시계, 가　→　시계가（時計が）
밥, 을　→　밥을（ご飯を）

ポイント ③ 　単位を表す名詞は離して書きます。

다섯, 시간　→　다섯 시간（5時間）
열, 개　→　열 개（10個）

ポイント ④ 　補助用言は離して書きます。

해, 보세요　→　해 보세요（してみてください）
가, 버렸어요　→　가 버렸어요（行ってしまいました）

ポイント ⑤ 　姓と名は続けて書きます。

김, 수현　→　김수현（キム・スヒョン）
이, 민호　→　이민호（イ・ミノ）

第 6 課　누구 사전이에요?

学習目標

～です（か）
-예요/이에요 (?),　

～ではありません（か）
-가/이 아니에요 (?),

この、その、あの、どの
이, 그, 저, 어느

CD-33

누리 : 이것이 무엇입니까?

리나 : 그것은 한국어 사전입니다.

누리 : 누구 사전이에요?

리나 : 제 사전이에요.

누리 : 저 수첩도 리나 씨 것이에요?

리나 : 아니요, 저건 제 것이 아니에요.

暗記してみよう！

가족	家族
것	もの
공항	空港
그	その
그것	それ（그거は縮約形）
그쪽	そちら
기숙사	寄宿舎、寮
내	私の（わたしの）、僕の
누구	誰
동생	弟、妹（兄弟）
매점	売店
무엇	何（뭐は縮約形）
박물관	博物館
사전	辞書、辞典
사진	写真
수첩	手帳

어느	どの
어느 것	どれ（어느 거は縮約形）
어느 쪽	どちら
이	この
이것	これ（이거は縮約形）
이쪽	こちら
일	仕事
저	あの
저것	あれ（저거は縮約形）
저쪽	あちら
제	私の（わたくしの）
컴퓨터	パソコン
콜라	コーラ
티셔츠	Tシャツ
필통	筆箱
한국어	韓国語

あいさつ表現

다녀오겠습니다.	行ってきます。
다녀왔습니다.	ただいま。

第6課

MEMO

文法のポイント

1 - 의　～の

所有を表わす助詞です。ただし、話しことばでは 의 を省略するほうが自然な場合が多いです。体言に続けて書きます。

※ 의 が助詞の ～の の意味で使われる場合は、通常 [에] と発音します。

민수의 컴퓨터입니다．［민수에 컴퓨터입니다］

2 - 도　～も

添加を表わす助詞です。体言に続けて書きます。

동생도 중학생입니다．

3 - 예요 / 이에요 (?)　～です（か）

해요체Ⅰ：指定詞の肯定形 이다 の해요체です。

| 母音で終わる体言 ⇒ 예요 |
| 子音で終わる体言 ⇒ 이에요 |

콜라예요？
수건이에요．

練習　① 가수（　　　）．　② 매점（　　　）？

4 - 가 / 이 아니에요 (?)　～ではありません（か）

指定詞の肯定形 이다 の否定表現です。

| 母音で終わる体言 ⇒ 가 아니에요 |
| 子音で終わる体言 ⇒ 이 아니에요 |

기숙사가 아니에요？
필통이 아니에요．

練習　① 쌀（　　）아니에요．　② 티셔츠（　　　）（　　　）？

5 이, 그, 저, 어느   この、その、あの、どの

人やものを指し示すときに用いることばを指示語（指示詞とも言う）と言う。

	～の	もの（縮約形）	方向
こ	이	이것（이거）	이쪽
そ	그	그것（그거）	그쪽
あ	저	저것（저거）	저쪽
ど	어느	어느 것（어느 거）	어느 쪽

話しことばでは縮約形がよく使われます。

	～が		～は		～を	
	基本形	縮約形	基本形	縮約形	基本形	縮約形
こ	이것이	이게	이것은	이건	이것을	이걸
そ	그것이	그게	그것은	그건	그것을	그걸
あ	저것이	저게	저것은	저건	저것을	저걸
ど	어느 것이	어느 게	어느 것은	어느 건	어느 것을	어느 걸

6 내, 제   わたしの、わたくしの

나의, 저의의 략어입니다.

나의 사진 → 내 사진
저의 컵 → 제 컵

練習 ① 저의 일 → (　　　) 일　　② 나의 가족 → (　　　) 가족

다녀오겠습니다.
行ってきます。

다녀왔습니다.
ただいま。

1. 例にならって書いてみよう。

(1) （例) 공항입니다 (空港です) → (공항이에요).

① 놀이터입니다 (遊び場です) → (　　　　　　　　　　　).
② 무엇입니까? (何ですか) → (　　　　　　　　　　　)?

(2) （例) 불고기예요 (プルコギです) → (불고기가 아니에요).

① 박물관이에요? (博物館ですか) → (　　　　　　　　　　　)?
② 이모예요 (おばさんです) → (　　　　　　　　　　　).

2. 表の中から日本語に該当することばを使用して文を完成させよう。

-도	-는/은	-가/이	-예요/이에요(?)
-가/이 아니에요(?)		내/제	이/그/저/어느
이쪽/그쪽/저쪽/어느 쪽		것	동생
컴퓨터		가수	인사동

① わたくしの弟は歌手ではありません。
　→ (　　　　　　　　　　　　　　　　).
② そのパソコンもわたしのものです。
　→ (　　　　　　　　　　　　　　　　).
③ こちらが仁寺洞ですか。
　→ (　　　　　　　　　　　　　　　　)?

3. 間違った文を1つ選んで、正しくなおしてみよう。

① 그쪽이 기숙사예요.
② 저 사람은 일본 사람이 아니에요?
③ 이건 저 것이에요.
④ 그건 민수 씨 사진이에요?
　→ (　　　　　　　　　　　　　　　　)

1. 日本語訳を書いてみよう。

    ① 저것도 내 수건이에요.
    → (　　　　　　　　　　　　　　　　　　　)。
    ② 이건 누구 필통이에요?
    → (　　　　　　　　　　　　　　　　　　　)?
    ③ 그 사진은 제 것이 아니에요.
    → (　　　　　　　　　　　　　　　　　　　)。

2. 音声を聞いて日本語訳を書いてみよう。 CD-35

    ①
    ②
    ③
    ④

3. AとBの会話です。下線部に最も適切な表現を選んでみよう。

    (1) A: 이것이 무엇입니까?
        B: _____

    ① 이것은 콜라예요?　　② 그 수건이 아니에요.
    ③ 저쪽이 박물관이에요.　④ 제 컵이에요.

    (2) A: 그 수첩도 리나 씨 것이에요?
        B: _____

    ① 네, 수첩이에요.　　　② 아니요, 제 수첩이 아니에요.
    ③ 네, 리나가 아니에요.　④ 아니요, 리나 씨 것입니다.

> **友達と話してみよう**
>
> A: 이게 뭐예요?
> B: _____
> A: 저 (物の名前) 도 (友達の名前) 씨 것이에요?
> B: _____

第6課

第7課 서점은 어디에 있습니까?

学習目標

~です/ます
-ㅂ니다/습니다,

~ですか/ますか
-ㅂ니까/습니까?,

ㄹ脱落, 場所代名詞, 漢数詞

CD-36

리나: 누리 씨, 유나 씨 핸드폰 번호를 압니까?
누리: 네. 080-6315-2687 입니다.
리나: 누리 씨는 지금 어디에 갑니까?
누리: 서점에 갑니다.
리나: 서점은 어디에 있습니까?
누리: 저기 도서관 옆 건물에 있습니다.
리나: 몇 층입니까?
누리: 2층에 있습니다.

暗記してみよう！

가다	行く		식당	食堂
거기	そこ		신문	新聞
건물	建物		알다	知る、分かる
길다	長い		어디	どこ
놀다	遊ぶ		없다	ない、いない
높다	（高さが）高い		여기	ここ
도서관	図書館		오전	午前
마시다	飲む		음료수	飲料水
마트	マート（スーパーマーケットなど）		있다	ある、いる
많다	多い		저기	あそこ
먹다	食べる		정류장	停留場
멀다	遠い		주말	週末
몇	何、幾つ、いくつの		지금	今
방	部屋		짐	荷物
번호	番号		층	階
보다	見る、眺める		팔다	売る
사다	買う		편의점	コンビニ
서점	書店、本屋		학생	学生

あいさつ表現

실례합니다.	失礼します。
안녕히 주무세요.	お休みなさい。

MEMO

文法のポイント

① －를 / 을　～を

対象を表わす助詞です。

| 母音で終わる体言 ⇒ 를 |
| 子音で終わる体言 ⇒ 을 |

언니를
그릇을

練習　① 짐 (　　　)　② 과자 (　　　)

② －에 (장소 , 시간)　～に（場所、時間）

場所や位置と時間を表わす助詞です。体言に続けて書きます。

마트에
주말에

③ －ㅂ니다 / 습니다, －ㅂ니까?/ 습니까?　～です/ます、～ですか/ますか

합니다体Ⅱ：指定詞以外の用言（動詞、形容詞、存在詞）の합니다体です。

| 母音語幹 ⇒ ㅂ니다 |
| 子音語幹 ⇒ 습니다 |

드라마를 봅니까?
된장찌개를 먹습니다.

基本形		ㅂ니다/습니다	ㅂ니까?/습니까?
사다	買う	삽니다	삽니까?
높다	高い（高さ）	높습니다	높습니까?
있다	ある・いる	있습니다	있습니까?

練習

基本形		ㅂ니다/습니다	ㅂ니까?/습니까?
마시다	飲む		
많다	多い		
없다	ない・いない		

❹ ㄹ脱落

子音語幹の場合、媒介母音 으 を必要とする場合が普通ですが、ㄹ語幹の場合は 으 を必要としません。語幹が ㄹ で終わっている用言の直後に、「ㅅ，ㅂ，ㄴ，パッチムのㄹ」が来たときに、語幹末の ㄹ が脱落します。

基本形	ㅂ니다/습니다	ㅂ니까?/습니까?
놀다　遊ぶ	놉니다	놉니까?

練習

基本形	ㅂ니다/습니다	ㅂ니까?/습니까?
길다　長い		
멀다　遠い		

❺ 여기, 거기, 저기, 어디　ここ、そこ、あそこ、どこ

場所を指し示すときに使う場所代名詞です。

	～の	場所
こ	이	여기
そ	그	거기
あ	저	저기
ど	어느	어디

❻ 漢数詞

日本語の「いち、に、さん、し…」に当たる漢字語の数詞です。漢数詞は、년월일（年月日）、분（分）、학년（回生）、번（番）、원（ウォン）、층（階）などに使います。

0	영, 공
1	일
2	이
3	삼
4	사
5	오
6	육

7	칠
8	팔
9	구
10	십
100	백
1000	천
10000	만

数字6の発音は三通りあります。語頭の6は［육］、母音とパッチムㄹの後は［륙］、その他は［늌］と発音します。

練習　次の数字を読んでみよう。

　　　　36　　　　892　　　　45,000　　　　147,100

〈位置と場所〉

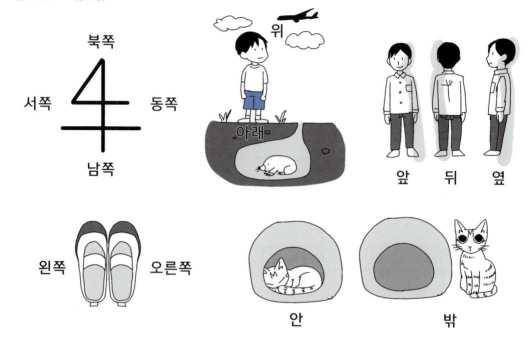

日本語の 下 を意味する単語には 아래 と 밑 があるが、아래 はある基準より低い位置（例：하늘 아래　空の下）を表し、밑 は物体の下または下の方（例：책상 밑　机の下）を表す。

日本語の 中 を意味する単語には 안 と 속 があるが、안 はある範囲の中（例：교실 안　教室の中）を表し、속 は物体や液体の内部（例：페트병 속　ペットボトルの中）を表す。

決まり文句 ❼

〈旅先で使える表現③　あいづち・返事　その1〉

第7課

1. 네. / 예.　　　　　　　　　はい。
    *예は네よりも丁寧

2. 네, 그렇습니다.　　　　　　はい、そうです。

3. 아니요.　　　　　　　　　　いいえ。

4. 아니요, 아닙니다.　　　　　いいえ、違います。

5. 있어요.　　　　　　　　　　あります / います。

6. 없어요.　　　　　　　　　　ありません / いません。

7. 알겠습니다.　　　　　　　　かしこまりました / 分かりました。

8. 모르겠습니다.　　　　　　　分かりません。

9. 좋아요.　　　　　　　　　　いいですよ。

10. 안돼요.　　　　　　　　　　ダメです。

11. 괜찮아요. / 괜찮습니다.　　構いません。（大丈夫です。）
    *괜찮습니다は괜찮아요よりも丁寧です。

MEMO

1. 例にならって書いてみよう。

> －에　　－를/을

(例) 방(部屋), 책상(机) → (방에　책상을)
① 거실(居間), 전화기(電話機) → (　　　　　　　　　　)
② 새벽(明け方), 신문(新聞) → (　　　　　　　　　　)

2. 以下の指定詞以外の用言（動詞、形容詞、存在詞）の합니다体の表を完成させよう。

用言	ㅂ니다/습니다	ㅂ니까?/습니까?
덥다　暑い		
힘들다　大変だ、難しい		
노력하다　努力する		
멋있다　素敵だ		

3. 表の中から日本語に該当することばを使用して文を完成させよう。

> －에　　－가/이　　－는/은　　－를/을　　－의
> －ㅂ니다/습니다　　－예요/이에요(?)
> 여기/거기/저기/어디　　버스　　한국　　편의점　　앞
> 전통차　　주말　　정류장　　있다　　팔다

① ここはどこですか。
　→ (　　　　　　　　　　　　　　　)?
② バス停留場の前にコンビニがあります。
　→ (　　　　　　　　　　　　　　　).
③ 週末に韓国の伝統茶を売ります。
　→ (　　　　　　　　　　　　　　　).

4. 間違った文を１つ選んで、正しくなおしてみよう。

① 학생 식당 왼쪽에 있습니다.
② 은행에 갑니다.
③ 몇 층에 있습니까?
④ 리나 씨 전화 번호를 알습니까?
　→ (　　　　　　　　　　)

1. 日本語訳を書いてみよう。

① 서점 옆에 도서관이 있습니다.
→ ( )。

② 지금 칠 층에 있습니까?
→ ( )?

③ 마트는 멉니까?
→ ( )?

2. 音声を聞いて日本語訳を書いてみよう。 CD-38

①
②
③
④

3. AとBの会話です。下線部に最も適切な表現を選んでみよう。

(1) A: 누리 씨 핸드폰 번호를 압니까?
　　B: ＿＿＿＿＿＿＿＿＿＿＿＿＿＿
① 서점에 갑니다.　　② 네, 핸드폰 번호를 압니다.
③ 몇 층에 갑니까?　　④ 도서관 옆에 있습니다.

(2) A: 서점은 어디에 있습니까?
　　B: ＿＿＿＿＿＿＿＿＿＿＿＿＿＿
① 전화 번호를 압니다.　　② 2층 건물에 갑니다.
③ 도서관 옆에 있습니다.　　④ 식당에 있습니까?

友達と話してみよう

A: (友達の名前) 씨 핸드폰 번호가 무엇입니까?
B: ＿＿＿＿＿＿＿＿＿＿＿＿＿＿＿＿＿＿＿＿＿＿＿＿
A: (友達の名前) 씨는 지금 어디에 갑니까?
B: ＿＿＿＿＿＿＿＿＿＿＿＿＿＿＿＿＿＿＿＿＿＿＿＿
A: (場所) 는/은 몇 층에 있습니까?
B: ＿＿＿＿＿＿＿＿＿＿＿＿＿＿＿＿＿＿＿＿＿＿＿＿

第7課

第8課 오후에 시간 있어요?

学習目標
~です（か）/ます（か）
- 아요 / 어요 / 여요 (?),

~（し）てください
-(으)세요,

~が好きだ / 嫌いだ
- 를 / 을 좋아하다 / 싫어하다

CD-39

누리: 리나 씨, 오후에 시간 있어요?

리나: 네, 있어요.

누리: 그럼, 같이 한식집에 가요.

리나: 좋아요. 저도 한국 음식을 좋아해요.

< 한식집에서 >

점원: 어서 오세요. 이쪽으로 앉으세요.

리나: 여기 떡볶이하고 잡채 주세요.

누리: 리나 씨, 맛이 어때요?

리나: 아주 맛있어요.

가르치다	教える
같이	一緒に
교실	教室
그럼	それなら、(それ)では
기다리다	待つ
나가다	出る、出かける
다니다	通う、通勤する
대학교	大学
만들다	作る
맛있다	おいしい
배우다	習う、学ぶ
보내다	送る
서다	立つ
쉬다	休む
시간	時間
신다	履く
싫어하다	(~が)嫌いだ
아주	とても、たいへん
앉다	座る
어떻다	どうだ

열다	開ける
오다	来る、(雨が)降る
오후	午後
운동하다	運動する
음식	食べ物、料理
일하다	働く
읽다	読む
자다	寝る
작다	小さい
좋다	良い
좋아하다	(~が)好きだ
주다	あげる、くれる
집	家
찍다	(写真を)撮る
찾다	探す、引き出す
천천히	ゆっくり
타다	(~に)乗る
하다	する、言う
할머니	おばあさん

第8課

あいさつ表現

어서 오세요.	いらっしゃいませ。

▶ 口蓋音化 (p.111)

같이 [가치]

文法のポイント

❶ -에서　～（場所）で

動作が行われた場所を表わす助詞です。体言に続けて書きます。

대학교에서　일합니까？

❷ -(으)로　～（方向）へ

動作の方向を表わす助詞です。

母音で終わる体言	⇒	로
ㄹで終わる体言		
子音で終わる体言	⇒	으로

여기로
사무실로
운동장으로

練習　① 시장（　　　）　② 호텔（　　　）　③ 시내（　　　）

❸ -하고　～と

文の中で二つ以上の単語を対等に連結するときに使う助詞です。主に話しことばで使われます。体言に続けて書きます。

태권도하고　수영을　배웁니다.

主に書きことばでは -과/와 が使われる。

| 母音で終わる体言⇒와 | 녹차와 초콜릿（緑茶とチョコレート） |
| 子音で終わる体言⇒과 | 냉면과 갈비（冷麺とカルビ） |

❹ -아요/어요/여요(?)　～です(か)/ます(か)

해요体Ⅱ：指定詞以外の用言（動詞、形容詞、存在詞）の해요体です。

陽語幹	⇒	아요
陰語幹	⇒	어요
하語幹	⇒	여요 → 해요（하여요の縮約形）

基本形	아요/어요/여요	아요?/어요?/여요?
작다　小さい	작아요	작아요?
읽다　読む	읽어요	읽어요?
운동하다　運動する	운동해요	운동해요?

母音語幹の場合、話しことばで縮約形がよく使われます。

基本形	아요/어요/여요	아요?/어요?/여요?
자다　寝る	자요	자요?
서다　立つ	서요	서요?
오다　来る	와요	와요?
가르치다　教える	가르쳐요	가르쳐요?
주다　あげる・くれる	줘요	줘요?
보내다　送る	보내요	보내요?
쉬다　休む	쉬어요	쉬어요?

※ 오다 は 오아요 の形は使わず、縮約形 와요 だけを使います。
　쉬다 は母音語幹で終わっていますが、縮約されません。

練習

基本形	아요/어요/여요	아요?/어요?/여요?
나가다　出かける		
다니다　通う		
찾다　探す		
초대하다　招待する		

⑤ -세요 / 으세요　　～(し)てください

丁寧な命令形です。

母音語幹 ⇒ 세요	주차장으로 가세요.
ㄹ語幹　⇒ ㄹを落として 세요	도시락을 만드세요.
子音語幹 ⇒ 으세요	빨리 닦으세요.

練習
① 사진관에서 찍다 → 사진관에서 (　　　　　).
② 집으로 오다 → 집으로 (　　　　　).
③ 문을 열다 → 문을 (　　　　　).

6 -를/을 좋아하다/싫어하다　～が好きだ/嫌いだ

好き嫌いの表現です。助詞に注意してください。

| 母音で終わる体言 ⇒ 를 |
| 子音で終わる体言 ⇒ 을 |

장미를 좋아해요.
생선을 싫어합니까?

練習　① 감 (　　) (　　　　　)?
　　　　　　が　　　　好きですか

　　　② 소고기 (　　) (　　　　　).
　　　　　　　　　が　　　　嫌いです

日本語だと ～が好きです、～が嫌いです というところを、韓国語では好き嫌い表現 좋아하다/싫어하다 の前に必ず -를/을 を使う。また、타다, 만나다 も同様で ～に乗る、～に会う の ～に のところには必ず -를/을 を使う。

決まり文句 ⑧

어서 오세요.
いらっしゃいませ。

うちとけた「です・ます」体の作り方（1）
パッチムありの語幹の場合

用言の語幹に「-아요/어요」をつけて作ります。

① 陽語幹

ㅏ ㅗ + 아요　　　놀다（遊ぶ）　　　놀 + 아요
　　　　　　　　　앉다（座る）　　　앉 + 아요

② 陰語幹

ㅏ ㅗ 以外 + 어요　　먹다（食べる）　　먹 + 어요
　　　　　　　　　　있다（ある・いる）　있 + 어요

③ 하語幹

하 + 여요 = 해요　　운동하다（運動する）　운동하 + 여요 = 운동해요

うちとけた「です・ます」体の作り方（2）
パッチムなしの語幹の場合

語幹末がパッチムのない用言の「-아요/어요」体は、共通する母音が一つに縮約されたり、2つの母音が合体して合成母音になったりします。

① 陽語幹（ㅏ　ㅗ）

ㅏ + 아요 = ㅏ요　　사다（買う）　　사 + 아요 = 사요
ㅗ + 아요 = ㅘ요　　오다（来る）　　오 + 아요 = 와요

② 陰語幹（ㅏ　ㅗ 以外）

ㅓ + 어요 = ㅓ요　　서다（立つ）　　서 + 어요 = 서요
ㅣ + 어요 = ㅕ요　　마시다（飲む）　마시 + 어요 = 마셔요
ㅜ + 어요 = ㅝ요　　배우다（学ぶ）　배우 + 어요 = 배워요
ㅐ + 어요 = ㅐ요　　보내다（送る）　보내 + 어요 = 보내요
ㅟ + 어요 = ㅟ어요　쉬다（休む）　　쉬 + 어요 = 쉬어요

＊쉬다（休む）は、パッチムなしの語幹でも縮約されないことに注意！

1. 例にならって書いてみよう。

    (1) ┃-에서　　-하고　　-아요/어요/여요┃

    (例) 학생 식당(学生食堂), 선배(先輩), 먹다(食べる)
    → (학생 식당에서 선배하고 먹어요).

    ① 운동장(運動場), 남동생(弟), 놀다(遊ぶ)
    → (　　　　　　　　　　　　　　).
    ② 교실(教室), 선생님(先生), 기다리다(待つ)
    → (　　　　　　　　　　　　　　).

    (2) ┃-로/으로　　-세요/으세요┃

    (例) 부산(釜山), 오다(来る) → (부산으로 오세요).

    ① 홍대(弘大), 가다(行く)
    → (　　　　　　　　　　　　　　).
    ② 주차장(駐車場), 오다(来る)
    → (　　　　　　　　　　　　　　).

2. 以下の指定詞以外の用言（動詞、形容詞、存在詞）の해요体の表を完成させよう。

用言	아요/어요/여요	아요?/어요?/여요?
어리다　幼い		
좋다　良い		
웃다　笑う		
타다　乗る		
들다　手に持つ		
쉬다　休む		
맛없다　おいしくない		
지내다　過ごす、暮らす		
나누다　分ける		
목욕하다　風呂に入る		

3. 表の中から日本語に該当することばを使用して文を完成させよう。

| -에서　　-(으)로　　-하고　　-는/은　　-가/이 |
| -를/을　　-에　　-아요/어요/여요(?)　　-세요/으세요 |
| 좋아하다/싫어하다　　한국 요리　　사촌　　집 |
| 할머니　　오다　　쉬다 |

① 韓国料理が嫌いですか。

→ (　　　　　　　　　　　　　　　　　　　)?

② 家で休んでください。

→ (　　　　　　　　　　　　　　　　　　　).

③ おばあさんといとこが来ます。

→ (　　　　　　　　　　　　　　　　　　　).

4. 間違った文を1つ選んで、正しくなおしてみよう。

① 한식집으로 가세요.
② 잡채하고 떡볶이를 좋아해요.
③ 오후에 같이 가요.
④ 호텔으로 오세요.

→ (　　　　　　　　　　　　　　　　　　　)

第8課

もう ちょっと チャレンジ

1. 日本語訳を書いてみよう。

① 저는 한국 요리를 싫어해요.
→ (　　　　　　　　　　　　　　　　　　　)。

② 그 한식집 음식은 맛이 어때요?
→ (　　　　　　　　　　　　　　　　　　　)?

③ 잡채가 아주 맛있어요.
→ (　　　　　　　　　　　　　　　　　　　)。

2. 音声を聞いて日本語訳を書いてみよう。　CD-41

①
②
③
④

3. AとBの会話です。下線部に最も適切な表現を選んでみよう。

(1) A: 시간 있어요?
　　B: ＿＿＿＿＿＿＿＿＿＿＿＿＿＿＿

① 이쪽으로 앉으세요.　　② 아니요, 있어요.
③ 예, 시간 있어요.　　　④ 그럼, 같이 한식집에 가요.

(2) A: 한국 음식을 좋아해요?
　　B: ＿＿＿＿＿＿＿＿＿＿＿＿＿＿＿

① 어서 오세요.　　② 떡볶이 주세요.
③ 싫어해요.　　　④ 이쪽으로 앉으세요.

友達と話してみよう

A: (友達の名前) 씨 오후에 시간 있어요?
B: ＿＿＿＿＿＿＿＿＿＿＿＿＿＿＿＿＿＿＿＿＿＿＿

A: (友達の名前) 씨 (食べ物や果物名)를/을 좋아해요?
B: ＿＿＿＿＿＿＿＿＿＿＿＿＿＿＿＿＿＿＿＿＿＿＿

A: (友達の名前) 씨 맛이 어때요?
B: ＿＿＿＿＿＿＿＿＿＿＿＿＿＿＿＿＿＿＿＿＿＿＿

〈旅先で使える表現④　あいづち・返事　その2〉

1. 잠깐 기다려 주세요.　　　　ちょっと待ってください。

2. 맞아요.　　　　　　　　　　そのとおりです。

3. 그럼요.　　　　　　　　　　もちろんですよ。

4. 그래요?　　　　　　　　　　そうですか。

5. 고맙습니다. / 감사합니다.　　ありがとうございます。
   *감사합니다는 고맙습니다보다도 格式ばったニュアンス。
   　また고맙습니다はもう少し親しい間柄で使います。

6. 미안합니다. / 죄송합니다.　　ごめんなさい。/ 申し訳ございません。

7. 정말 ○○.　　　　　　　　　本当に○○。

8. 천천히 말해 주세요.　　　　 ゆっくり話してください。

9. 다시 한 번 말해 주세요.　　もう一度言ってください。

10. 한국말을 몰라요.　　　　　 韓国語は分かりません。

第8課

MEMO

第9課 지금 바쁘지 않아요?

学習目標

～(し)て/くて ～(し)たい ～(し)に行く
-고, -고 싶다, -(으)러 가다,

～(し)ましょうか ～(し)ない/くない
-(으)ㄹ까요?, 안 -/-지 않다, 으脱落

CD-42

누리: 리나 씨, 지금 바쁘지 않아요?

리나: 네, 안 바빠요. 무슨 일 있어요?

누리: 스니커를 사고 싶어요.

리나: 같이 스니커 사러 갈까요?

〈신발 가게에서〉

리나: 여기요. 이건 얼마예요?

점원: 7만 5천 원이에요.

디자인도 예쁘고 정말 괜찮아요.

누리: 너무 비싸요. 좀 깎아 주세요.

점원: 그럼, 7만 원만* 주세요.

＊限定を表わす：〜だけ、〜ばかり

가게	店、店舗		신발	靴、履物
가볍다	軽い		싸다	安い、包む
고프다	空腹だ		쓰다	書く、使う
괜찮다	大丈夫だ、構わない		씻다	洗う
극장	映画館		얼마	いくら、どのくらい
기쁘다	嬉しい		역	駅
끄다	(電気・明かりを) 消す		연락하다	連絡する
끝나다	終わる		영화	映画
너무	あまりに (も)		자동차	自動車
다시	もう一度、また		적다	少ない
닫다	閉める		젊다	若い
들어가다	入る、入っていく		점심	昼、昼ご飯
따뜻하다	暖かい		정말	本当、本当に
무슨	何の〜、どんな〜		좀	少し、ちょっと
바꾸다	変える、交換する		주소	住所
바쁘다	忙しい		지갑	財布
받다	もらう、受ける		친구	友人、友達
병원	病院		크다	大きい
비싸다	(値段が) 高い		표	チケット、切符

第9課

釜山国際映画祭

文法のポイント

1 －고 　～(し)て/くて

2つ以上の動作・性質・状態などを並列したり、対照的に続けて表わすときに使う接続語尾です。用言の語幹にそのままつけます。

이 가구는 튼튼하고 가볍습니다.

2 －고 싶다 　～(し)たい

希望・願望を表わす表現です。用言の語幹にそのままつけます。

이메일 주소를 바꾸고 싶어요.

3 －(으)러 가다 　～(し)に行く

目的を表わす語尾(으)러に移動の意味を持つ動詞が連結され、移動の意図や目的を表わします。

| 母音語幹
ㄹ語幹 | ⇒ | 러 가다 |
| 子音語幹 | ⇒ | 으러 가다 |

연극을 보러 극장에 갑니다.
한국에 살러 갑니까?
점심을 먹으러 가요.

練習

① 표를 사다, 역에 가다
　→ 표를 (　　　　　) 역에 갑니까?
② 치료를 받다, 병원에 가다
　→ 치료를 (　　　　　) 병원에 가요.
③ 친구하고 놀다, 어디에 가다
　→ 친구하고 (　　　　　) 어디에 가요?

❹ -(으)ㄹ까요?　～(し)ましょうか

相手の意向や意見を尋ねたり提案したりするときに使う表現です。

母音語幹	⇒	ㄹ까요?
ㄹ 語幹	⇒	ㄹを落として ㄹ까요?
子音語幹	⇒	을까요?

같이 길을 건널까요?
자동차를 팔까요?
머리를 감을까요?

練習
① 청바지를 입다 → 청바지를 (　　　　)?
② 같이 들어가다 → 같이 (　　　　)?
③ 에어컨을 틀다 → 에어컨을 (　　　　)?

❺ 안-⁽¹⁾/-지 않다⁽²⁾　～(し)ない/くない

(1) 前置否定形と (2) 後置否定形です。

基本形	-ㅂ니다/습니다	
	前置否定形	後置否定形
사다　買う	안 삽니다	사지 않습니다
젊다　若い	안 젊습니다	젊지 않습니다
울다　泣く	안 웁니다	울지 않습니다

基本形	-아요/어요/여요	
	前置否定形	後置否定形
닫다　閉める	안 닫아요	닫지 않아요
적다　少ない	안 적어요	적지 않아요
하다　する	안 해요	하지 않아요

練習

基本形	-ㅂ니다/습니다	-아요/어요/여요
신다　履く	① 안 신습니다 ② 신지 않습니다	① 안 신어요 ② 신지 않아요
힘들다　大変だ	① ②	① ②
끝나다　終わる	① ②	① ②

6 으脱落

語幹の母音が 으 で終わる用言 (르 を除く) の語幹に母音で始まる語尾が接続すると、으 が脱落します。

基本形	-아요/어요/여요
쓰다　書く	써요

語幹が2音節以上の用言は 으 の前の母音が陽性母音か陰性母音かを確認して語尾をつけることに注意してください。

種類	基本形	-아요/어요/여요
陽語幹扱い	아프다　痛い	아파요
陰語幹扱い	슬프다　悲しい	슬퍼요

練習

基本形	-아요/어요/여요
끄다　消す	
담그다　漬ける	
예쁘다　かわいい	

韓国の伝統遊び①　투호놀이
（日本の輪投げのような遊び）

〈旅先で使える表現⑤　味の表現〉

1. 맛있어요．　　　　　おいしいです。
2. 그저 그래요．　　　　まあまあです。
3. 좋아해요．　　　　　好きです。
4. 싫어해요．　　　　　嫌いです。
5. 달아요．　　　　　　甘いです。
6. 매워요．　　　　　　辛いです。
7. 짜요．　　　　　　　塩辛いです。
8. 셔요．　　　　　　　酸っぱいです。
9. 써요．　　　　　　　苦いです。
10. 부드러워요．　　　　柔らかいです。
11. 싱거워요．　　　　　味が薄いです。
    ＊味が薄くて物足りない場合。
12. 아주 ○○．　　　　　とても○○。
13. 꽤, 엄청 ○○．　　　かなり○○、すごく○○。
    ＊最近の若者は「완전○○」とよく使う。日本語の「超○○」に似ている表現です。
14. 좀 ○○．　　　　　　少し○○。

MEMO

1. 例にならって書いてみよう。

(1) ┃-고   -아요/어요/여요┃

(例) 이 요리는 쌉니다(この料理は安いです), 맛도 좋다(味も良い)
→ (이 요리는 싸고 맛도 좋아요).

① 만화책을 읽습니다(漫画本を読みます), 영화를 보다(映画を見る)
→ (   ).

② 나는 서울에 삽니다(わたしはソウルに住んでいます),
여동생은 부산에 있다(妹は釜山にいる)
→ (   ).

(2) ┃-고 싶다   -(으)러 가다   -(으)ㄹ까요?┃

(例) 지갑을 사다(財布を買う), 백화점에 가다(デパートに行く)
→ (지갑을 사고 싶어요. 지갑을 사러 백화점에 갈까요)?

① 샌드위치를 먹다(サンドイッチを食べる),
빵집에 가다(パン屋さんに行く)
→ (   )?

② 운동하다(運動する), 체육관에 가다(体育館に行く)
→ (   )?

2. 以下の前置否定形と後置否定形の表を完成させよう。

基本形	-ㅂ니다/습니다	-아요/어요/여요
씻다　洗う	① 안 씻습니다 ② 씻지 않습니다	① 안 씻어요 ② 씻지 않아요
따뜻하다　温かい	① ②	① ②
밝다　明るい	① ②	① ②
서다　立つ	① ②	① ②
틀다　つける	① ②	① ②

3. 以下の으脱落の表を完成させよう。

基本形	-아요/어요/여요
기쁘다　嬉しい	
뜨다　（目を）開ける	
고프다　空腹だ	

4. 表の中から日本語に該当することばを使用して文を完成させよう。

```
         -가/이    -는/은    -를/을
-고 싶다  -(으)ㄹ까요?  안-   -아요/어요/여요   -고
  민호     키     -씨    스니커    청바지
  다시    입다    신다    크다    연락하다
```

① もう一度連絡しましょうか。
　→（　　　　　　　　　　　　　　　　）?

② ミノさんは背が大きくありません。
　→（　　　　　　　　　　　　　　　　）.

③ スニーカーを履いてジーンズを履きたいです。
　→（　　　　　　　　　　　　　　　　）.

5. 間違った文を1つ選んで、正しくなおしてみよう。

① 표를 바꾸러 갈까요?
② 친구가 너무 아퍼요.
③ 가볍고 튼튼해요.
④ 머리를 감고 싶습니다.
　→（　　　　　　　　　　　　　　　　　）

第9課

もう ちょっと チャレンジ

1. 日本語訳を書いてみよう。

① 그럼, 청바지를 사러 갈까요?
　→ (　　　　　　　　　　　　　　　　　　)?

② 지금 안 바빠요?
　→ (　　　　　　　　　　　　　　　　　　)?

③ 이건 디자인도 괜찮고 예뻐요.
　→ (　　　　　　　　　　　　　　　　　　).

2. 音声を聞いて日本語訳を書いてみよう。　CD-43

①
②
③
④

3. AとBの会話です。下線部に最も適切な表現を選んでみよう。

(1) A: 지금 안 바빠요?
　　B: _____
　① 같이 갈까요?　　　② 안 바쁘지 않아요.
　③ 안 바빠요.　　　　④ 이건 얼마예요?

(2) A: 같이 스니커를 사러 갈까요?
　　B: _____
　① 비싸지 않아요.　　② 지금 좀 바빠요.
　③ 깎아 주세요.　　　④ 무슨 일 있어요?

友達と話してみよう

A: (友達の名前) 씨 지금 바쁘지 않아요?
B: _____
A: (友達の名前) 씨 같이 (買いたいもの) 를/을 사러 갈까요?
B: _____
A: 이건 얼마예요?
B: _____

〈旅先で使える表現⑥　飲食店 編〉

1. 여기요!　　　　　　　　　　　すみません（呼び寄せるとき）。

2. 여기에 앉아도 돼요?　　　　　ここに座ってもいいですか。

3. 이거 주세요.　　　　　　　　これをください。
   *(○○ 주세요　○○をください)

4. 여기요! 물 좀 주세요.　　　　すみません！　水をください。

5. 일본어 메뉴판 있어요?　　　　日本語のメニューはありますか。
   *(○○ 있어요?　○○はありますか)

6. 화장실이 어디예요?　　　　　トイレはどこですか。
   *(○○ 어디예요?　○○はどこですか)

7. 잘 먹겠습니다.　　　　　　　いただきます。

8. 잘 먹었습니다.　　　　　　　ごちそうさまでした。

9. ○○위하여 건배!　　　　　　○○のために乾杯！

10. 계산해 주세요.　　　　　　　お会計をお願いします。

11. 영수증 주세요.　　　　　　　領収書をください。

12. 맛있었어요.　　　　　　　　おいしかったです。

13. 치워 주세요.　　　　　　　　（食器を）片づけてください。

MEMO

第10課 몇 시에 일어나요?

学習目標 固有数詞, 時間関係のことば, －고 있다 〜（し）ている

누리 : 리나 씨, 요즘 몇 시에 일어나요?

리나 : 아침 7 시에 일어나요.

누리 : 오전 수업은 언제부터예요?

리나 : 보통 아침 8 시 30 분부터 12 시까지예요.

누리 씨는요?

누리 : 저도 같아요.

근데 다음 주에 한국어 시험이 있어요?

리나 : 7 월 29 일 금요일이에요.

열심히 공부하고 있어요.

누리 : 우리 같이 힘내요. 아자, 파이팅!

같다	同じだ、同様だ		시험	試験
공부하다	勉強する		아침	朝、朝ご飯
그렇다	そうだ		어제	昨日
근데	ところで、ところが		언제	いつ
금년	今年		열심히	一生懸命、熱心に
내년	来年		오늘	今日
많이	たくさん、非常に		올해	今年
매다	結ぶ、締める		요일	曜日
며칠	何日		요즘	近ごろ、最近
바람	風		우리	私たち（の）
보통	普通、一般的に		유월	6月
불다	吹く		이번 주	今週
생각하다	考える、思う		일어나다	起きる
수업	授業		작년	昨年
시월	10月		지난달	先月
시작되다	始まる		지난주	先週

韓国語能力試験の様子

文法のポイント

1 - 부터 - 까지　～(時間) から～(時間) まで

時間の起点と終点を表わすときに使われる助詞です。体言に続けて書きます。

열 시부터 세 시까지예요.

2 固有数詞

日本語の「ひとつ、ふたつ、みっつ…」に当たる固有語の数詞です。固有数詞は、살（歳）、개（個）、명（名）、장（枚）などに使います。

	1	2	3	4	5	6	7	8	9	10	20
単独	하나	둘	셋	넷	다섯	여섯	일곱	여덟	아홉	열	스물
単位の前	한	두	세	네	다섯	여섯	일곱	여덟	아홉	열	스무

練習 20歳　　2個　　3名　　4枚

3 時間関係のことば

(1) 年月日

何年	何月	何日
몇 년	몇 월	며칠

몇 월 며칠이에요?

 発音が[며뒬며치리에요]であることに**注意**すること。

　　　　　漢数詞 년　　　漢数詞 월　　　漢数詞 일

1月	2月	3月	4月	5月	6月
일월	이월	삼월	사월	오월	**유월**
7月	8月	9月	10月	11月	12月
칠월	팔월	구월	**시월**	십일월	십이월

※ 6月と10月は 유월 と 시월 であることに**注意**してください。

이천십구 **년** 팔 **월** 이십육 **일**이에요.

 2018年　　6月24日

(2) 時刻

何時	何分
몇 시	몇 분

몇 시 몇 분입니까?

固有数詞 시　　漢数詞 분

1時	2時	3時	4時	5時	6時
한 시	두 시	세 시	네 시	다섯 시	여섯 시
7時	8時	9時	10時	11時	12時
일곱 시	여덟 시	아홉 시	열 시	열한 시	열두 시

네 **시** 오 **분**입니다.

 ① 　② 　③

(3) 曜日

何曜日
무슨 요일

무슨 요일에 수업이 있어요?

月曜日	火曜日	水曜日	木曜日	金曜日	土曜日	日曜日
월요일	화요일	수요일	목요일	금요일	토요일	일요일

화요일하고 금요일에 있어요.

(4) 週、月

지난　過ぎ去った	이번　今度の	다음　次の
지난주　先週	이번 주　今週	다음 주　来週
지난달　先月	이번 달　今月	다음 달　来月

학기는 다음 주에 시작됩니다.

(5) 昨日/今日/明日、年

어제　昨日	오늘　今日	내일　明日
작년　去年	올해 금년　今年	내년　来年

오늘도 바람이 많이 붑니다.

❹　-고 있다　～(し)ている

ある動作が進行中（現在進行形）であることやある動作をした結果がそのまま持続すること（状態）を表わします。用言の語幹にそのままつけます。

아기가 잠자고 있어요.
넥타이를 매고 있습니다.

韓国の伝統遊び②　윷놀이
（日本のすごろくのような遊び）

〈旅先で使える表現⑦　買い物 編〉

1. 여기요!　　　　　　　　すみません（呼び寄せるとき）。
2. 저거 주세요.　　　　　　あれをください。
   *○○ 주세요　○○をください
3. 얼마예요?　　　　　　　いくらですか。
4. 계산은 어디서 해요?　　　会計はどこでしますか。
5. 저거 좀 보여 주세요.　　　あれを見せてください。
6. 입어보고 싶은데요.　　　　試着してみたいです。
7. 좀 더 작은 거 없어요?　　　もう少し小さいものはありませんか。
8. 좀 더 큰 거 없어요?　　　　もう少し大きいものはありませんか。
9. 사이즈가 큰데요.　　　　　サイズが大きすぎます。
10. 사이즈가 작은데요.　　　　サイズが小さすぎます。
11. 다른 디자인은 없어요?　　他のデザインはありませんか。
12. 다른 색깔은 없어요?　　　他の色はありませんか。
13. 너무 비싸요. 좀 깎아 주세요.
    　　　　　　　　　　　　高いです。まけてください。
14. 그냥 좀 보려구요.　　　　ただ見ているだけです。
15. 많이 파세요.　　　　　　はい、どうも。（店を出るときに店員さんに言う表現）
    *目上の方には「수고하세요」は用いない。

MEMO

1. 韓国語で書いてみよう。

(1) 살(歳)、개(個)、명(名)、장(枚)

① 17個　　② 4枚　　③ 23歳　　④ 2名

(2) 年月日

① 6月13日　　③ 12月24日
② 10月8日　　④ 2019年7月25日

(3) 時刻

① 11時46分　　③ 8時30分
② 9時12分　　④ 3時57分

2. 表の中から日本語に該当することばを使用して文を完成させよう。

-고 있다	-아요/어요/여요	안-	-가/이	-는/은
-부터 -까지	이번	시	수업	주	열	목요일
바람	몇	저	보통	아침	일어나다	불다	있다

① 今週の木曜日は何時から授業がありますか。
　　→ (　　　　　　　　　　　　　　　　　)?
② 風が吹いています。
　　→ (　　　　　　　　　　　　　　　　　).
③ 私は普通朝10時までは起きません。
　　→ (　　　　　　　　　　　　　　　　　).

3. 間違った文を1つ選んで、正しくなおしてみよう。

① 칠 시 아홉 분이에요.
② 오늘은 화요일이 아니에요. 내일이 화요일이에요.
③ 유월 십육 일부터 팔 월 오 일까지예요.
④ 누리 씨도 힘내세요.

　　→ (　　　　　　　　　　　　　　　　　)

1. 日本語訳を書いてみよう。

① 장마는 언제부터 언제까지예요?
　→ (　　　　　　　　　　　　　　　　　)?

② 저도 그렇게 생각하고 있어요.
　→ (　　　　　　　　　　　　　　　　　)。

③ 마지막까지 열심히 공부하세요.
　→ (　　　　　　　　　　　　　　　　　)。

2. 音声を聞いて日本語訳を書いてみよう。　CD-45

①
②
③
④

3. AとBの会話です。下線部に最も適切な表現を選んでみよう。

(1) A: 한국어 수업이 언제예요?
　　B: ＿＿＿＿＿＿＿＿＿＿＿＿＿＿＿

① 오전에 있어요.　　② 우리 같이 힘내요.
③ 저도 같아요.　　　④ 7시에 일어나요.

(2) A: 요즘 몇 시에 일어나요?
　　B: ＿＿＿＿＿＿＿＿＿＿＿＿＿＿＿

① 내일 수업이 있어요.　② 일곱 시부터 안 일어나요.
③ 여섯 시 반에 일어나요.　④ 아자, 파이팅!

> **友達と話してみよう**
>
> A: (友達の名前) 씨는 요즘 몇 시에 일어나요?
> B: ＿＿＿＿＿＿＿＿＿＿＿＿＿＿＿＿＿＿＿＿＿
>
> A: (友達の名前) 씨, 한국어 시험은 언제예요?
> B: ＿＿＿＿＿＿＿＿＿＿＿＿＿＿＿＿＿＿＿＿＿

第10課

第11課 부모님은 어디에 계십니까?

学習目標 尊敬形, -(으)려고 하다 ～(し)ようとする

누리 : 리나 씨, 부모님은 어디에 계십니까?
리나 : 일본에 계세요.
누리 : 그럼, 일본에 자주 가세요?
리나 : 아니요. 부모님이 가끔 오십니다.
누리 : 일본에서 한국까지는 어떻게 오십니까?
리나 : 항상 비행기로 오세요.
누리 : 부모님께 연락은 하세요?
리나 : 자주 전화하려고 하고 있어요.

가끔	時々、たまに		손님	お客
걸다	かける		양말	靴下
걸리다	(時間が) かかる		어떻게	どのように
계시다	いらっしゃる		얼마나	どれくらい
계획	計画		여러가지	各種、色々
곧	すぐ、直ちに		자전거	自転車
넣다	入れる		자주	よく、頻繁に
도착하다	到着する、着く		잡다	握る、掴む、取る
돌아가다	帰る		전화하다	電話する
드시다	召し上がる		젓가락	箸
마음에 들다	気に入る		주무시다	お休みになる
만나다	(〜に) 会う		출근하다	出勤する
매일	毎日		취소하다	キャンセルする
문제	問題		켜다	(電気・明かりを) つける
물어보다	尋ねてみる		풀다	解く
뭘	何を (무엇을の縮約形)		할아버지	おじいさん
미술관	美術館		항상	常に、いつも
벗다	脱ぐ		휴가	休暇
부모님	両親			

仁川空港

文法のポイント

① －에서 －까지　～(場所)から～(場所)まで

場所の起点と終点を表わすときに使われる助詞です。体言に続けて書きます。

하네다에서　인천까지

② －(으)로　～(手段、方法、材料)で

ある行為に対する手段、方法、材料などを表わす助詞です。

母音で終わる体言	⇒	로
ㄹ で終わる体言		
子音で終わる体言	⇒	으로

여러가지　재료로
칼로
소금으로

 ① 젓가락(　　　)　② 고속버스(　　　)　③ 전철(　　　)

③ －께　～(人)に

行為者が行う行為を受ける対象を表わす助詞です。尊敬を表わすべき人に続けて書きます。－에게 の尊敬語です。

삼촌께

 －에게 はある行為の影響を受ける対象を表わす助詞であり、－한테 は主に話しことばで使われる。人や動物を表わす体言に続けて書く。

④ 尊敬形　-(으)시-　〜なさる/(ら)れる/お〜になる

尊敬の意味を表わす語尾です。目上の人や初対面の人に使います。

母音語幹	⇒	시
ㄹ語幹	⇒	ㄹを落として시
子音語幹	⇒	으시

도착하시다
마음에 드시다
넣으시다

基本形	尊敬形	-ㅂ니다/습니다	-아요/어요/여요
보다　見る	보시다	보십니다	보세요
앉다　座る	앉으시다	앉으십니다	앉으세요
살다　住む	사시다	사십니다	사세요

보다 は尊敬形の語尾 -시- の後に -아요/어요/여요 をつけると 보세요 の形になるが、これは 보다 に 〜してください の意味を持つ -세요/으세요 をつけた 보세요 と結果的に同じ形である。-세요/으세요 は尊敬と命令の両方で用いられることに注意すること。

次の動詞は別途尊敬形が存在することに注意してください。

基本形	尊敬形	-ㅂ니다/습니다	-아요/어요/여요
있다　いる	계시다	계십니다	계세요
먹다　食べる	드시다	드십니다	드세요
마시다　飲む			
자다　寝る	주무시다	주무십니다	주무세요

먹다 の尊敬形には 드시다 以外にも 잡수시다 がある。

📝 練習

基本形	尊敬形	-ㅂ니다/습니다	-아요/어요/여요
찾다　探す			
알다　知る			
끄다　消す			

5 -(으)려고 하다   ~(し)ようとする

動詞の語幹について、これからあることをしようとする意図や予定、計画などを表わします。

| 母音語幹
ㄹ語幹 ⇒ 려고 하다 |
| 子音語幹 ⇒ 으려고 하다 |

계획을 취소하려고 해요.
문제를 풀려고 합니다.
손을 잡으려고 해요.

練習
① 전화를 걸다 → 전화를 (　　　　　).
② 곧 결정하다 → 곧 (　　　　　).
③ 양말을 벗다 → 양말을 (　　　　　).

6 流音化 (☞ p.111)

연락 [열락]　　설날 [설랄]

韓国の伝統遊び③　제기차기
(日本の蹴鞠〔けまり〕のような遊び)

〈旅先で使える表現⑧　移動・交通編〉

1. 택시 좀 불러 주세요.　　タクシーを呼んでください。
   *(「○○ 좀 ○○주세요」は「좀」が入ることにより「○○をもらっていいですか」のように控えめな表現になる)

2. 여기 좀 가 주세요.　　ここに行ってください。

3. 여기서 세워 주세요.　　ここで停めてください。

4. 오른쪽으로 가 주세요.　　右に行ってください。

5. 왼쪽으로 가 주세요.　　左に行ってください。

6. 전철역에는 어떻게 가면 돼요?
   　　駅にはどう行けばいいですか。

7. 노선도 좀 주세요.　　路線図をください。

8. 제일 가까운 지하철역이 어디예요?
   　　一番近い地下鉄の駅はどこですか。

9. 티머니 카드 좀 주세요.　　T-moneyカードをください。

10. 왕복표 주세요.　　往復切符をください。

11. 편도표 주세요.　　片道切符をください。

12. ○○역에 가려면 이 차를 타면 돼요?
    　　○○駅に行くには、この電車に乗れば良いですか。

MEMO

練習問題

1. 例にならって書いてみよう。

> －로 / 으로

(例) ガラスで　유리로　만들어요.
① ボールペンで　볼펜 (　　　) 써요.
② 小麦粉で　　밀가루 (　　　) 준비해요.
③ 地下鉄で　　지하철 (　　　) 출근해요.

2. 以下の尊敬形の表を完成させよう。

基本形	尊敬形
물어보다　尋ねる	
켜다　つける	
받다　もらう	
웃다　笑う	
일하다　働く	
쓰다　書く	
만들다　作る	
있다　いる	
자다　寝る	

+

－ㅂ니다 / 습니다	－아요 / 어요 / 여요

92

3. 表の中から日本語に該当することばを使用して文を完成させよう。

-에서 -까지	-와/과	-(으)로	-에	-는/은
-를/을	-께	김포	안-	-(으)려고
尊敬表現-세요/으세요(?)		아요/어요/여요(?)		하다
매일	비행기	아이스크림	미술관	교실
자장면	하다	연락	손님	돌아가다	계시다
드시다	자주	나리타	메일	말씀하시다
	주무시다		부모님	

① 毎日アイスクリームとジャージャー麺を召し上がります。
　→ (　　　　　　　　　　　　　　　　　　　　　).
② 成田から金浦までは飛行機で帰ろうと思っていらっしゃいますか。
　→ (　　　　　　　　　　　　　　　　　　　　　)?
③ お客様は美術館にいらっしゃいます。
　→ (　　　　　　　　　　　　　　　　　　　　　).
④ 両親にメールで連絡をよく取っていらっしゃいませんか。
　→ (　　　　　　　　　　　　　　　　　　　　　)?

4. 間違った文を1つ選んで、正しくなおしてみよう。

① 집에서 학교까지는 뭘로 오세요?
② 할아버지는 항상 김치찌개와 밥을 드십니다.
③ 이 초콜릿은 바나나로 만들려고 해요.
④ 부모님은 한국에 있으세요?
　→ (　　　　　　　　　　　　　　　　　　　　　)

1. 日本語訳を書いてみよう。

① 사장님은 자주 오세요?
　→ (　　　　　　　　　　　　　　　　　　)?

② 금년 휴가 계획을 잡으려고 해요.
　→ (　　　　　　　　　　　　　　　　　　)。

③ 인천 공항에서 동대문시장까지는 얼마나 걸려요?
　→ (　　　　　　　　　　　　　　　　　　)?

2. 音声を聞いて日本語訳を書いてみよう。　CD-47

①
②
③
④

3. AとBの会話です。以下の下線部に最も適切な表現を選んでみよう。

(1)　A: 부모님은 어디에 계십니까?
　　　B: _____

① 여섯 시에 오세요.　　② 백화점으로 가십니다.
③ 한국에 계십니다.　　④ 가끔 만나려고 해요.

(2)　A: 학교에는 어떻게 와요?
　　　B: _____

① 아침 일곱 시에 와요.　② 전화로 해요.
③ 집에서 옵니다.　　　　④ 자전거로 와요.

友達と話してみよう

A: (友達の名前) 씨 부모님은 어디에 계십니까?
B: _____

A: (友達の名前) 씨 학교까지는 어떻게 와요?
B: _____

〈旅先で使える表現⑨　観光・レジャー編〉

1. 관광안내소는 어디예요? 　　観光案内所はどこですか。
2. 화장실이 어디예요? 　　トイレはどこですか。
3. 길을 잃어버렸어요. 　　道に迷ってしまいました。
4. 여기는 지도상에서 어디쯤 인가요?
　　ここは、この地図のどこに当たりますか。
5. 일본어 팸플릿은 있어요? 　　日本語のパンフレットはありますか。
6. 촬영해도 될까요? 　　撮影してもいいですか。
7. 여기서 사진 찍어도 괜찮습니까?
　　ここで写真を撮ってもいいですか。
8. 사진 좀 찍어 주실래요? 　　写真を撮ってもらえますか。
9. 요금은 얼마예요? 　　料金はいくらですか。
10. 어른 둘 부탁합니다. 　　大人2人お願いします。
11. 표 ○○장 주세요. 　　チケットを○○枚ください。
　　例) 한 장, 두 장, 세 장……

MEMO

第12課 어제 뭘 했어요?

学習目標: 過去形, ㅂ不規則, -(으)면서, -(으)ㄹ 거예요(?)　　～(し)ながら　～するつもりです(か)

누리 : 리나 씨, 어제 뭘 했어요?

리나 : 친구하고 같이 동물원에 갔어요.

아주 즐거웠어요.

누리 씨는 뭐 하면서 보냈어요?

누리 : 형과 함께 영화관에 갔어요.

리나 : 저도 한국 영화를 좋아해요.

누리 : 그럼, 다음에 같이 보러 가요.

리나 씨, 이번 방학에 뭘 할 거예요?

리나 : 한국을 여행하려고 해요.

暗記してみよう！

가깝다	近い		쉽다	易しい、簡単だ
과일	果物		아마	たぶん
구경하다	見物する		어렵다	難しい
귀엽다	かわいい		여행하다	旅行する
나오다	出てくる、出る		연습하다	練習する
늦다	遅い、遅れる		영화관	映画館
다녀오다	行ってくる		옮기다	移す、運ぶ
달다	甘い		외우다	暗記する
동물원	動物園		유명하다	有名だ
만지다	触る		저녁	夕方、夕暮れ、夕飯
말하다	言う、話す、語る		조금	少し、ちょっと
맞다	合う、正しい		주문하다	注文する
맵다	辛い		즐겁다	楽しい
방학	（学校の）休み		질문하다	質問する
부르다	呼ぶ、（歌を）歌う		청소하다	掃除する
생기다	できる		춥다	寒い
소개하다	紹介する		태어나다	生まれる
수영장	プール		함께	一緒に、共に

第12課

文法のポイント

❶ -았/었/였-

過去の時制を表わす語尾です。指定詞以外の用言（動詞、形容詞、存在詞）に使われます。

陽語幹	⇒	았
陰語幹	⇒	었
하語幹	⇒	였 → 했 (하였の縮約形)
으語幹	⇒	ㅡを落として았/었

基本形	過去形	過去形の -ㅂ니다/습니다	過去形の -아요/어요/여요
닫다　閉める	닫았다	닫았습니다	닫았어요
늦다　遅い	늦었다	늦었습니다	늦었어요
주문하다　注文する	주문했다	주문했습니다	주문했어요
바쁘다　忙しい	바빴다	바빴습니다	바빴어요

해요体の語尾をつけるとき、-어요だけをつけることに注意する。

母音語幹の場合、話しことばで縮約形がよく使われます。

基本形	過去形	過去形の -ㅂ니다/습니다	過去形の -아요/어요/여요
사다　買う	샀다	샀습니다	샀어요
서다　立つ	섰다	섰습니다	섰어요
보다　見る	봤다	봤습니다	봤어요
마시다　飲む	마셨다	마셨습니다	마셨어요
배우다　学ぶ	배웠다	배웠습니다	배웠어요
지내다　過ごす	지냈다	지냈습니다	지냈어요
쉬다　休む	쉬었다	쉬었습니다	쉬었어요

※ 오다 は 오았어요 の形は使わず、縮約形 왔어요 だけを使います。쉬다 は母音語幹で終わっていますが、縮約されません。

練習

基本形	過去形	過去形の -ㅂ니다/습니다	過去形の -아요/어요/여요
나오다　出てくる			
건너다　渡る			
생기다　生じる			
질문하다　質問する			
나쁘다　悪い			

❷　ㅂ不規則

語幹が ㅂ パッチムで終わる用言に母音で始まる語尾が接続すると、パッチムのㅂが半母音「w（우）」に変わります。

基本形	過去形の-아요/어요/여요
어렵다　難しい	어려웠어요

＊語幹が ㅂ パッチムで終わっていても、「입다（着る）、잡다（掴む）、좁다（狭い）」などは、「입었어요、잡았어요、좁았어요」のように規則活用する。

練習

基本形	過去形の-아요/어요/여요
춥다　寒い	
차갑다　冷たい	
맵다　辛い	

❸　-(으)면서　～（し）ながら

二つの動作が同時に起こることを表わします。ただし、先行文と後続文の主語は同じでなければなりません。

母音語幹 ㄹ語幹	⇒	면서
子音語幹	⇒	으면서

텔레비전을 보면서 접시를 닦았어요.
놀면서 청소했어요.
껌을 씹으면서 말했어요.

練習

① 서울에 살다 → 서울에 (　　　　) 일본어를 연습했어요.
② 햄버거를 먹다 → 햄버거를 (　　　　) 콜라를 마셨어요.
③ 인형을 만지다 → 인형을 (　　　　) 소설을 읽어요.

❹ -(으)ㄹ 거예요(?)　～するつもりです（か）、～でしょう

用言の語幹について、予定・意志（話者）や推測（他人）を表わします。
※形容詞は推測しか使えない。

母音語幹	⇒	ㄹ 거예요
ㄹ 語幹	⇒	ㄹ を落として ㄹ 거예요
子音語幹	⇒	을 거예요

쇼핑할 거예요?
인구가 줄 거예요.
아마 집에 없을 거예요.

練習

① 밤에 이를 닦다　　　　→ 밤에 이를 (　　　　).
② 내일부터 다이어트를 하다 → 내일부터 다이어트를 (　　　　)?
③ 그 과일은 조금 달다　　→ 그 과일은 조금 (　　　　).

うちとけた「です・ます」体の過去形の作り方 (1)
パッチムありの語幹の場合

用言の語幹に「-았어요/었어요」をつけて作ります。

① 陽語幹

ㅏ ㅗ ＋ 았어요

놀다 (遊ぶ)　　놀 ＋ 았어요
앉다 (座る)　　앉 ＋ 았어요

② 陰語幹

ㅏ ㅗ 以外 ＋ 었어요

먹다 (食べる)　　먹 ＋ 었어요
있다 (ある・いる)　있 ＋ 었어요

③ 하語幹

하 ＋ 였어요 ＝ 했어요　운동하다 (運動する)　운동하 ＋ 였어요 ＝ 운동했어요

うちとけた「です・ます」体の過去形の作り方 (2)
パッチムなしの語幹の場合

語幹末がパッチムのない用言の「-았어요/었어요」体は、共通する母音が一つに縮約されたり、2つの母音が合体して合成母音になったりします。

① 陽語幹 (ㅏ ㅗ)

ㅏ ＋ 았어요 ＝ 았어요　사다 (買う)　사 ＋ 았어요 ＝ 샀어요
ㅗ ＋ 았어요 ＝ 왔어요　오다 (来る)　오 ＋ 았어요 ＝ 왔어요

② 陰語幹 (ㅏ ㅗ 以外)

ㅓ ＋ 었어요 ＝ 었어요　서다 (立つ)　서 ＋ 었어요 ＝ 섰어요
ㅣ ＋ 었어요 ＝ 셨어요　마시다 (飲む)　마시 ＋ 었어요 ＝ 마셨어요
ㅜ ＋ 었어요 ＝ 웠어요　배우다 (学ぶ)　배우 ＋ 었어요 ＝ 배웠어요
ㅐ ＋ 었어요 ＝ 냈어요　보내다 (送る)　보내 ＋ 었어요 ＝ 보냈어요
ㅟ ＋ 었어요 ＝ ㅟ었어요　쉬다 (休む)　쉬 ＋ 었어요 ＝ 쉬었어요

＊쉬다 (休む) は、パッチムなしの語幹でも縮約されないことに注意！

第12課

1. 以下の過去形の表を完成させよう。

基本形	過去形	過去形の －ㅂ니다/습니다	過去形の －아요/어요/여요
맞다　合う			
늘다　増える			
옮기다　移す			
외우다　覚える			
유명하다　有名だ			
모으다　集める			

2. 以下のㅂ不規則の表を完成させよう。

基本形	過去形の －아요/어요/여요
쉽다　易しい	
귀엽다　かわいい	
가깝다　近い	
굽다　焼く	
무겁다　重い	
고맙다　ありがたい	

3. 表の中から日本語に該当することばを使用して文を完成させよう。

-가/이	-는/은	-를/을	-께	-에
-(으)려고	ㅂ不規則	-(으)ㄹ 거예요(?)		
過去形の-아요/어요/여요	-(으)면서	노래	저녁	
여름	다녀오다	남자친구	한국어	지내다
방학	발음	너무	부르다	소개하다	어렵다
준비하다	어디	부모님	구경하다	한국

① 歌を歌いながら夕食を準備しましたか。
→ (   )?

② 韓国語は発音がとても難しかったです。
→ (   ).

③ 夏休みにどこを見物しながら過ごすつもりですか。
→ (   )?

④ 両親にボーイフレンドを紹介しようと韓国に行ってきました。
→ (   ).

4. 間違った文を1つ選んで、正しくなおしてみよう。

① 수영장에서 놀았어요?
② 해외 여행은 아주 즐거우었어요.
③ 비빔밥을 만들면서 국도 끓일 거예요?
④ 저는 대구에서 태어났어요.

→ (   )

もうちょっとチャレンジ

1. 日本語訳を書いてみよう。

① 학교 친구하고 동물원에서 같이 놀았어요?
　→ (　　　　　　　　　　　　　　　　　　)?

② 한국어 시험이 아주 어려웠습니다.
　→ (　　　　　　　　　　　　　　　　　　)。

③ 지난주에 뭘 하면서 지냈어요?
　→ (　　　　　　　　　　　　　　　　　　)?

④ 봄 방학에 뭘 할 거예요?
　→ (　　　　　　　　　　　　　　　　　　)?

2. 音声を聞いて日本語訳を書いてみよう。　CD-49

①
②
③
④

3. AとBの会話です。下線部に最も適切な表現を選んでみよう。

(1)　A: 어제 뭘 했어요?
　　　B: ＿＿＿＿＿＿＿＿＿＿＿＿＿

① 집에 있었어요.　　② 여행을 가려고 해요.
③ 다음에 같이 가요.　④ 아주 즐거웠어요.

(2)　A: 이번 방학에 뭘 할 거예요?
　　　B: ＿＿＿＿＿＿＿＿＿＿＿＿＿

① 어머니와 점심 밥을 먹어요.　② 시험 공부를 하려고 해요.
③ 동생하고 박물관에 갔어요.　　④ 한국 요리를 좋아했어요.

友達と話してみよう

A: (友達の名前) 씨 어제 뭘 했어요?
B: ＿＿＿＿＿＿＿＿＿＿＿＿＿＿＿＿＿＿＿＿＿＿＿＿＿＿
A: (友達の名前) 씨는 방학에 뭘 할 거예요?
B: ＿＿＿＿＿＿＿＿＿＿＿＿＿＿＿＿＿＿＿＿＿＿＿＿＿＿

付　録

〈文法用語のまとめ〉

해요体と합니다体

韓国語には日本語の「です・ます体」に当たる丁寧な言い方が2つあります。例）日本語の「見ます」を韓国語に直すと、「봅니다」と「봐요」の2つになります。

해요体の平叙形と疑問形

・해요体とは

うちとけた「です・ます体」です。日常会話でよく使われます。

語幹	해요体 (平叙形・疑問形)	例
陽語幹	－아요(?)	가다 行く → 가요 行きます(か) 놀다 遊ぶ → 놀아요 遊びます(か) 작다 小さい → 작아요 小さいです(か)
陰語幹	－어요(?)	먹다 食べる → 먹어요 食べます(か) 읽다 読む → 읽어요 読みます(か) 길다 長い → 길어요 長いです(か)
하語幹	－해요(?)	운동하다 運動する → 운동해요 運動します(か)
指定詞 (肯定形)	－예요/이에요(?)	친구＋이다 友達だ → 친구예요 友達です(か) 학생＋이다 学生だ → 학생이에요 学生です(か)

합니다体の平叙形と疑問形

・합니다体とは

かしこまった「です・ます体」です。格式ばった丁寧な気持ちを表わすときに使われます。

語幹	합니다体の 平叙形	例
母音語幹	－ㅂ니다	보다 見る → 봅니다 見ます 싸다 安い → 쌉니다 安いです
子音語幹	－습니다	먹다 食べる → 먹습니다 食べます 덥다 暑い → 덥습니다 暑いです
ㄹ語幹	－ㅂ니다	만들다 作る → 만듭니다 作ります 멀다 遠い → 멉니다 遠いです

語幹	합니다体の疑問形	例
母音語幹	－ㅂ니까？	보다 見る → 봅니까？ 見ますか 싸다 安い → 쌉니까？ 安いですか
子音語幹	－습니까？	먹다 食べる → 먹습니까？ 食べますか 덥다 暑い → 덥습니까？ 暑いですか
ㄹ語幹	－ㅂ니까？	만들다 作る → 만듭니까？ 作りますか 멀다 遠い → 멉니까？ 遠いですか

指定詞

「これは私の筆箱だ。あれは私のボールペンではない。」のように、体言に続く「～だ、～（で）ない」に当たる用言を指定詞と呼びます。指定詞には「～だ」に当たる肯定の指定詞と、「～（で）ない」に当たる否定の指定詞があります。

指定詞	基本形	意味	해요体	합니다体	書き方
肯定形	이다	～だ	－예요/이에요	－입니다	体言につけて書く
否定形	아니다	～(で)ない	아니에요	아닙니다	体言と離して書く

指示詞

人やものを指し示すときに用いることばを「指示詞」と言います。

・指示詞と指示代名詞

	～の	指示代名詞		～が		～は		～を	
		基本形	縮約形	基本形	縮約形	基本形	縮約形	基本形	縮約形
こ	이	이것	이거	이것이	이게	이것은	이건	이것을	이걸
そ	그	그것	그거	그것이	그게	그것은	그건	그것을	그걸
あ	저	저것	저거	저것이	저게	저것은	저건	저것을	저걸
ど	어느	어느 것	어느 거	어느 것이	어느 게	어느 것은	어느 건	어느 것을	어느 걸

・指示詞と場所代名詞

	～の	場所代名詞	～に（場所）	～で、から（場所）
こ	이	여기	여기에 (여기)	여기에서 (여기서)
そ	그	거기	거기에 (거기)	거기에서 (거기서)
あ	저	저기	저기에 (저기)	저기에서 (저기서)
ど	어느	어디	어디에 (어디)	어디에서 (어디서)

疑問詞

「何、いつ、どこ」のように質問するときに用いることばを「疑問詞」と言います。

疑問詞	意味	参考
누구	だれ	누가 だれが
언제	いつ	언제나 いつも
어디	どこ	어느 どの
무엇	何	뭐 何、뭘 何を、무슨 何の、どんな
어떻게	どのように	어떤 どんな、ある
얼마	いくら	얼마나 いくらぐらい、どれぐらい
왜	なぜ、どうして	

存在詞

存在の有無を表わすことばを「存在詞」と言います。存在詞は「있다（ある・いる）」とそれの反対の意味を表わす「없다（ない・いない）」の2語のみです。また、日本語には生物の存在を表わすのか、それとも無生物の存在を表わすのかによって「ある、いる」と「ない、いない」を区別しますが、韓国語にはそのような区別は存在しません。

意味 / 対象	存在		非存在	
	日本語	韓国語	日本語	韓国語
無生物（人間と動物以外）	ある	있다	ない	없다
生物（人間と動物）	いる		いない	

〈発音ルール〉

有声音化
平音「ㄱ, ㄷ, ㅂ, ㅈ」は有声音の間で[g, d, b, dʒ]で発音されます。

　　　　가구 [kagu]　　　다도 [tado]　　　부부 [pubu]　　　자주 [tʃadʒu]

 母音とパッチム[ㄴ, ㄹ, ㅁ, ㅇ]の後の [ㄱ, ㄷ, ㅂ, ㅈ] は濁る。

　　　　　　　　　　한글 [hangul]　　　갈비 [kalbi]

連音化
パッチムの後に母音がくるとき、パッチムは次の母音の「ㅇ」の位置に移って発音されます。また、パッチム「ㅇ」の後に続けて「ㅇ(母音)」が続くときは、母音が鼻濁音になります。濁音にならないように注意しよう。

　　　　　　몸이 [모미]　　　고양이 [고양이]
　　　　짧아요 [짤바요]　　　맛있어요 [마시써요]

＊パッチム「ㄲ, ㅆ」は合成子音字（1文字）のため、そのまま連音されます。
　（※ㅃ・ㄸ・ㅉ はパッチムには用いません）

濃音化
パッチム[ㅂ, ㄷ, ㄱ]に続く平音の「ㄱ, ㄷ, ㅂ, ㅅ, ㅈ」は濃音で発音されます。

ㅂ, ㅍ	→ [ㅂ]	ㄱ	[ㄲ]
ㄷ,ㅌ,ㅅ,ㅆ,ㅈ,ㅊ,ㅎ	→ [ㄷ] +	ㄷ / ㅂ / ㅅ	[ㄸ] / [ㅃ] / [ㅆ] =
ㄱ, ㅋ, ㄲ	→ [ㄱ]	ㅈ	[ㅉ]

　　　　학교 [학꾜]　　　닫다 [닫따]　　　잡지 [잡찌]

激音化Ⅰ

パッチム[ㅂ, ㄷ, ㄱ]の後に「ㅎ」が続くと、[ㅂ, ㄷ, ㄱ]がそれぞれ[ㅍ, ㅌ, ㅋ]に発音されます。

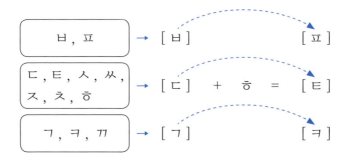

법학[버팍]　　축하[추카]

激音化Ⅱ

ㅎを含むパッチムㅎ, ㄶ, ㅀの後にㄷ, ㄱ, ㅅが続く場合、後続するㄷ, ㄱ, ㅅは激音として発音されます。

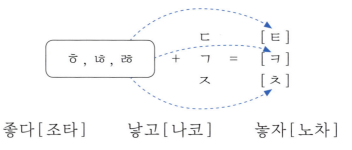

좋다[조타]　　낳고[나코]　　놓자[노차]

ㅎの弱化・無音化

母音の後やパッチムのㄴ, ㄹ, ㅁ, ㅇに続くㅎは、弱化または無音化します。

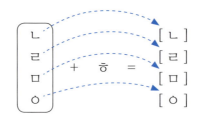

변호사[벼노사]　　결혼[겨론]　　암호[아모]　　장화[장와]

鼻音化

パッチム［ㅂ , ㄷ , ㄱ］の後に鼻音「ㄴ , ㅁ」が続くと、［ㅂ , ㄷ , ㄱ］がそれぞれ［ㅁ , ㄴ , ㅇ］に発音されます。

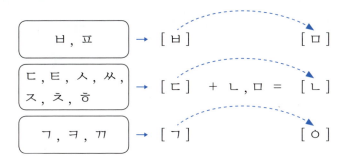

갑니다［감니다］　　있는［인는］　　국물［궁물］

口蓋音化

「ㄷ＋이＝지」「ㅌ＋이＝치」と発音されます。［디］や［티］とは発音されません。

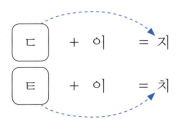

굳이［구지］　　붙이다［부치다］

流音化

［ㄴ］と［ㄹ］が隣り合うと、［ㄹㄹ］と発音されます。

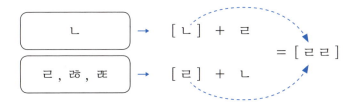

연락［열락］　　실내［실래］

〈日本語のハングル表記〉

以下のようなルールがあります。

ひらがな	語頭	語中／語末
あいうえお やゆよ	아이우에오 야유요	（語頭と同じ）
かきくけこ きゃきゅきょ	가기구게고 갸규교	카키쿠케코 캬큐쿄
がぎぐげご ぎゃぎゅぎょ	가기구게고 갸규교	（語頭と同じ）
さしすせそ しゃしゅしょ	사시스세소 샤슈쇼	（語頭と同じ）
ざじずぜぞ じゃじゅじょ	자지즈제조 자주조	（語頭と同じ）
たちつてと ちゃちゅちょ	다지쓰데도 자주조	타치쓰테토 차추초
だぢづでど ぢゃぢゅぢょ	다지즈데도 자주조	（語頭と同じ）
なにぬねの にゃにゅにょ	나니누네노 냐뉴뇨	（語頭と同じ）
はひふへほ ひゃひゅひょ	하히후헤호 햐휴효	（語頭と同じ）
ぱぴぷぺぽ ぴゃぴゅぴょ	파피푸페포 퍄퓨표	（語頭と同じ）
ばびぶべぼ びゃびゅびょ	바비부베보 뱌뷰뵤	（語頭と同じ）
まみむめも みゃみゅみょ	마미무메모 먀뮤묘	（語頭と同じ）
らりるれろ りゃりゅりょ	라리루레로 랴류료	（語頭と同じ）
わ	와	（語頭と同じ）
を	오	（語頭と同じ）
ん	パッチムのㄴで表記する	
っ	パッチムのㅅで表記する	

〈キーボード入力方式〉

キーボードでハングルを打てるようになったら、インターネット上から、リアルタイムで韓国の情報を知ることができます。

日本語を入力するときは、ローマ字を利用するのが主流となっていますが、韓国語の入力はハングル専用のキーボード配列を利用するのが一番の特徴です。

ハングル入力方法は色々ありますが、ほとんどの韓国の人は2ボル式という方法を使っています。

〈本テキストに出てくる助詞のまとめ〉

出現課	語末のパッチム			日本語の意味・機能
	パッチムなし	ㄹパッチム	パッチムあり	
第5課	-는		-은	～は（主題）
第5課	-가		-이	～が（主語）
第6課	-의			～の（所有・関連付け）
第6課	-도			～も（追加）
第7課	-를		-을	～を（対象）
第7課	-에			～に（場所・時間）
第8課	-에서			～で（場所）
第8課	-로		-으로	～へ（方向）
第8課	-하고			～と（羅列）
第9課	-만			～だけ（限定）
第10課	-부터			～から（時間）
第11課	-에서			～から（場所）
第10・11課	-까지			～まで（時間・場所）
第11課	-로		-으로	～で（手段・方法・材料）
第11課	-께（-에게，-한테の尊敬語）			～に（人）

〈その他の助詞のまとめ〉

語末のパッチム			日本語の意味・機能
パッチムなし	ㄹパッチム	パッチムあり	
-보다			～より（比較）
-와	-과		～と（羅列） ＊書きことばでよく用いられる
-에게			～に（人）
-한테			～に（人） ＊話しことばでよく用いられる

〈主な文法のフレーズ〉

文法のフレーズ	例文	日本語の意味
-입니다	한국 사람입니다. 韓国人です。	～です
-입니까?	일본 사람입니까? 日本人ですか。	～ですか
-가/이 아닙니다	한국 사람이 아닙니다. 韓国人ではありません。	～ではありません
-가/이 아닙니까?	일본 사람이 아닙니까? 日本人ではありませんか。	～ではありませんか
-예요(?)	의사예요. 医者です。	～です
-이에요(?)	대학생이에요? 大学生ですか。	～ですか
-가/이 아니에요(?)	주부가 아니에요? 主婦ではありませんか。	～ではありません(か)
-ㅂ니다/습니다	식당에 갑니다. 食堂に行きます。	～です/ます
-ㅂ니까/습니까?	언제 먹습니까? いつ食べますか。	～ですか/ますか
ㄹ脱落	공원에서 놉니다. 公園で遊びます。 놀습니다(×)	
-아요/어요(?)	영화를 봐요. 映画を見ます。	～です/ます・～ですか/ますか
-해요(?)	매일 운동을 해요? 毎日運動をしますか。	～です/ます・～ですか/ますか
-세요/으세요	여기에 쓰세요. ここに書いてください。	～(し)てください
-를/을 좋아해요(?)	한국 음식을 좋아해요? 韓国料理が好きですか。	～がすきです(か)
-를/을 싫어해요(?)	야채를 싫어해요. 野菜が嫌いです。	～がきらいです(か)
-고	이 옷은 싸고 좋아요. この服は安くていいです。	～(し)て、～くて
-고 싶어요(?)	커피를 마시고 싶어요. コーヒーが飲みたいです。	～(し)たいです(か)
-러/으러 갑니까?	같이 밥을 먹으러 갑니까? 一緒にご飯を食べに行きましょうか。	～(し)に行きますか
-러/으러 가요	같이 영화 보러 가요. 一緒に映画見に行きます。	～(し)に行きます

-ㄹ까요/을까요?	손을 씻을까요? 手を洗いましょうか。	～（し）ましょうか
안-	콜라는 안 마셔요. コーラは飲みません。	～（し）ない、～くない
-지 않다	오늘은 도서관에 가지 않아요. 今日は図書館に行きません。	～（し）ない、～くない
으脱落	머리가 아파요. 頭が痛いです。 아퍼요（×）	
-고 있어요(?)	지금 자고 있어요. 今寝ています。	～（し）ています（か）
-십니다/으십니다(까?)	어디에 가십니까? どこに行かれますか。	お～になります（か）
-세요/으세요(?)	할머니는 맛있게 잡수세요. おばあさんはおいしく召し上がります。	お～になります（か）
-려고/으려고 해요(?)	운전 면허를 따려고 해요. 運転免許を取ろうと思います。	～（し）ようと思います（か）
-았습니다/었습니다(까?)	오늘은 라면을 먹었습니다. 今日はラーメンを食べました。	～でした/ました（か）
-했습니다(까?)	체육관에서 운동했습니까? 体育館で運動しましたか。	～でした/ました（か）
-았어요/었어요(?)	어제는 집에서 쉬었어요. 昨日は家で休みました。	～でした/ました（か）
-했어요(?)	주말에 뭐 했어요? 週末に何をしましたか。	～でした/ました（か）
ㅂ不規則	한국어는 발음이 어려워요. 韓国語は発音が難しいです。 어렵어요（×）	
-면서/으면서	녹차를 마시면서 신문을 읽어요. 緑茶を飲みながら新聞を読みます。	～（し）ながら
-ㄹ 거예요/을 거예요(?)	한국에는 언제 갈 거예요? 韓国にはいつ行くつもりですか。 아마 비쌀 거예요. たぶん高いでしょう。	～するつもりです（か）、～するでしょう

〈漢数詞〉

0	1	2	3	4	5	6	7	8	9	10
영,공	일	이	삼	사	오	육	칠	팔	구	십
20	30	40	50	60	70	80	90	100	1000	10000
이십	삼십	사십	오십	육십	칠십	팔십	구십	백	천	만

〈固有数詞〉

1つ	2つ	3つ	4つ	5つ	6つ	7つ	8つ	9つ	10つ (とお)
하나 (한)	둘 (두)	셋 (세)	넷 (네)	다섯	여섯	일곱	여덟	아홉	열
11	12	13	14	15	16	17	18	19	20
열하나 (열한)	열둘 (열두)	열셋 (열세)	열넷 (열네)	열다섯	열여섯	열일곱	열여덟	열아홉	스물 (스무)
21	22	30	40	50	60	70	80	90	100
스물하나 (스물한)	스물둘 (스물두)	서른	마흔	쉰	예순	일흔	여든	아흔	백

＊（　）の中は、後ろに数える単位が来るときに用いられる。

〈年月日〉

漢数詞 년（年）　　　漢数詞 월（月）　　　漢数詞 일（日）

1月	2月	3月	4月	5月	6月
일월	이월	삼월	사월	오월	유월
7月	8月	9月	10月	11月	12月
칠월	팔월	구월	시월	십일월	십이월

〈時刻の言い方〉

固有数詞 시（時）　　　漢数詞 분, 초（分、秒）

〈曜日〉

曜日	月曜日	火曜日	水曜日	木曜日	金曜日	土曜日	日曜日
韓国語	월요일	화요일	수요일	목요일	금요일	토요일	일요일

〈時間関係のことば〉

그저께　一昨日	어제　昨日	오늘　今日	내일　明日	모레　明後日
재작년　一昨年	작년　去年	올해 금년　今年	내년　来年	내후년　再来年

지난　過ぎ去った	이번　今度の	다음　次の
지난주　先週	이번 주　今週	다음 주　来週
지난달　先月	이번 달　今月	다음 달　来月

〈固有語の日にち〉

하루 1日	이틀 2日(間)	사흘 3日(間)	나흘 4日(間)	닷새 5日(間)
엿새 6日(間)	이레 7日(間)	여드레 8日(間)	아흐레 9日(間)	열흘 10日(間)

単語集

ㄱ

한국어	일본어	과
가게	店、店舗	9課
가구	家具	7課
가깝다	近い	12課
가끔	時々、たまに	11課
가다	行く	7課
가르치다	教える	8課
가방	鞄	4課
가볍다	軽い	9課
가수	歌手	6課
가위	はさみ	3課
가족	家族	6課
간호사	看護師	5課
감	柿	4課
감다	(髪を) 洗う	9課
값	値段	4課
강	川	4課
같다	同じだ、同様だ	10課
같이	一緒に	8課
개	個	10課
거기	そこ	7課
거리	街、通り	2課
거실	居間	7課
거울	鏡	5課
건너다	渡る	9課
건물	建物	7課
걸다	かける	11課
걸리다	(時間が) かかる	11課
것	もの	6課
결정하다	決定する	11課
결혼	結婚	4課
계시다	いらっしゃる	11課
계획	計画	11課
고기	肉	2課
고맙다	ありがたい	12課
고속버스	高速バス	11課
고프다	空腹だ	9課
고향	故郷	4課
곧	すぐ、直ちに	11課
공	ゼロ (電話番号)	7課
공무원	公務員	5課
공부	勉強	12課
공부하다	勉強する	10課
공책	ノート	5課
공항	空港	6課
과일	果物	12課
과자	お菓子	7課
괜찮다	大丈夫だ、構わない	9課
교과서	教科書	3課
교사	教師	5課
교실	教室	8課
구	9	7課
구경하다	見物する	12課
구두	靴	2課
국	スープ、汁物	12課
굽다	焼く	12課
귀	耳	3課
귀엽다	かわいい	12課
그	その	6課
그것	それ (그거は縮約形)	6課
그럼	それなら、(それ) では	8課
그렇게	そのように	10課
그릇	器、容器、食器	7課
그림	絵	5課
그쪽	そちら	6課
극장	映画館	9課
근데	ところで、ところが	10課
금년	今年	10課
금요일	金曜日	10課
기다리다	待つ	8課
기쁘다	嬉しい	9課
기숙사	寄宿舎、寮	6課

길	道	9課
길다	長い	7課
김치	キムチ	4課
김치찌개	キムチチゲ	11課
김포	金浦(地名)	11課
까치	カササギ(鳥)	2課
깎다	値切る	9課
껌	ガム	12課
꽃	花	4課
끄다	(電気・明かりを)消す	9課
끓이다	沸かす	12課
끝나다	終わる	9課

노력하다	努力する	7課
놀다	遊ぶ	7課
놀이	遊び	4課
놀이터	遊び場	6課
높다	(高さが)高い	7課
놓다	置く	4課
누구	誰	6課
누나	姉(弟から)	5課
눈	目、雪	4課
뉴스	ニュース	2課
늘다	増える、上達する	12課
늦다	遅い、遅れる	12課

ㄴ

나	私(わたし)、僕	5課
나가다	出る、出かける	8課
나누다	分ける、交わす	8課
나리타	成田(地名)	11課
나무	木	2課
나비	蝶	2課
나쁘다	悪い	12課
나오다	出てくる、出る	12課
남동생	弟	8課
남자	男	4課
남자친구	ボーイフレンド	12課
남쪽	南、南側	7課
낮	昼、日中	4課
내	私の(わたしの)、僕の	6課
내년	来年	10課
내일	明日	10課
냉장고	冷蔵庫	5課
너무	あまりに(も)	9課
넣다	入れる	11課
네	はい、ええ	5課
넥타이	ネクタイ	10課
넷	四つ	10課
년	年(ねん)	10課
노래	歌	3課

ㄷ

다녀오다	行ってくる	12課
다니다	通う、通勤する	8課
다리	脚、橋	2課
다섯	五つ	10課
다시	もう一度、また	9課
다음	次、次の、今度の	10課
다음 달	来月	10課
다음 주	来週	10課
다이어트	ダイエット	12課
닦다	拭く、磨く、(お皿を)洗う	8課
단어	単語	4課
닫다	閉める	9課
달	月(つき、げつ)	4課
달다	甘い	12課
닭	ニワトリ	4課
담그다	漬ける	9課
답장	返信、返事	4課
대구	大邱(地名)	12課
대학교	大学	8課
대학생	大学生	5課
덥다	暑い	7課
도서관	図書館	7課
도시락	お弁当	8課
도착하다	到着する、着く	11課

돌아가다	帰る	11課
동대문시장	東大門市場	11課
동물	動物	5課
동물원	動物園	12課
동생	弟、妹(兄弟)	6課
동쪽	東、東側	7課
된장찌개	味噌鍋	7課
두부	豆腐	2課
둘	二つ	10課
뒤	後ろ、あと	7課
드라마	ドラマ	7課
드시다	召し上がる	11課
들다	手に持つ、取る	8課
들어가다	入る、入っていく	9課
디자인	デザイン	9課
따뜻하다	暖かい	9課
딸	娘	5課
딸기	イチゴ	4課
떡볶이	トッポッキ	8課
또	また	2課
뜨다	(目を)開ける	9課

ㄹ

| 라디오 | ラジオ | 2課 |

ㅁ

마시다	飲む	7課
마음에 들다	気に入る	11課
마지막	最後	10課
마트	マート(スーパーマーケットなど)	7課
만	万	7課
만나다	(〜に)会う	11課
만들다	作る	8課
만지다	触る	12課
만화	漫画	4課
만화책	漫画本	9課
많다	多い	7課
많이	たくさん、非常に	10課

말	言葉、馬	4課
말하다	言う、話す、語る	12課
맛	味	8課
맛없다	おいしくない	8課
맛있다	おいしい	8課
맞다	合う、正しい	12課
매다	結ぶ、締める	10課
매일	毎日	11課
매점	売店	6課
맵다	辛い	12課
머리	頭	9課
먹다	食べる	7課
멀다	遠い	7課
멋있다	素敵だ	7課
메일	メール	11課
며칠	何日	10課
명	〜人(にん、名)	10課
몇	何、幾つ、いくつの	7課
모으다	集める	12課
모자	帽子	2課
목요일	木曜日	10課
목욕하다	風呂に入る	8課
무겁다	重い	12課
무슨	何の〜、どんな〜	9課
무엇	何(뭐は縮約形)	6課
문	ドア	8課
문제	問題	11課
물건	物、品物	5課
물어보다	尋ねてみる	11課
뭘	何を(무엇을の縮約形)	11課
미소	微笑、ほほえみ	2課
미술관	美術館	11課
밀가루	小麦粉	11課
밑	下	7課

ㅂ

| 바꾸다 | 変える、交換する | 9課 |
| 바나나 | バナナ | 11課 |

바다	海	2課
바람	風	10課
바쁘다	忙しい	9課
바지	ズボン	2課
박물관	博物館	6課
밖	外、屋外	7課
반	半、班、クラス	10課
받다	もらう、受ける	9課
발음	発音	12課
밝다	明るい	9課
밤	夜、晩	12課
밥	飯、ご飯	4課
방	部屋	7課
방학	（学校の）休み	12課
배	腹、船、梨	3課
배우	俳優	5課
배우다	習う、学ぶ	8課
백	100	7課
백화점	デパート	4課
버스	バス	7課
번호	番号	7課
벗다	脱ぐ	11課
병원	病院	9課
보내다	送る	8課
보다	見る、眺める	7課
보통	普通、一般的に	10課
볼펜	ボールペン	4課
봄	春	4課
봉투	封筒	5課
부르다	呼ぶ、（歌を）歌う	12課
부모님	両親	11課
부산	釜山(地名)	8課
부엌	台所	4課
북쪽	北、北側	7課
분	分	10課
불고기	プルコギ	6課
불다	吹く	10課
비누	石鹸	2課

비빔밥	ビビンバ	12課
비싸다	（値段が）高い	9課
비행기	飛行機	4課
빨리	速く、早く	8課
빵	パン	4課
빵집	パン屋	9課
뿌리	根	2課

ㅅ

사	4	7課
사과	リンゴ	3課
사다	買う	7課
사람	人	5課
사무실	事務室	8課
사장님	社長	11課
사전	辞書、辞典	6課
사진	写真	6課
사진관	写真館	8課
사촌	いとこ	8課
산	山	4課
살	歳	10課
살다	住む	9課
삼	3	7課
삼촌	（父方の）おじ	11課
새	鳥、新しい	3課
새벽	夜明け、明け方	7課
샌드위치	サンドイッチ	9課
생각하다	考える、思う	10課
생기다	できる	12課
생선	魚、鮮魚	8課
생일	誕生日	4課
서다	立つ	8課
서울	ソウル(地名)	5課
서점	書店、本屋	7課
서쪽	西、西側	7課
선물	プレゼント	5課
선배	先輩	8課
선생님	先生	4課

설날	元旦	11課
셋	三つ	10課
소개하다	紹介する	12課
소고기	牛肉	8課
소금	塩	11課
소설	小説	12課
속	内、(液体・物体の) 中	7課
손	手	11課
손님	お客	11課
쇼핑하다	ショッピングする	12課
수건	タオル	6課
수박	スイカ	4課
수업	授業	10課
수영	水泳	8課
수영장	プール	12課
수요일	水曜日	10課
수첩	手帳	6課
숙제	宿題	4課
숟가락	スプーン	4課
쉬다	休む	8課
쉽다	易しい、簡単だ	12課
스니커	スニーカー	9課
스물	二十	10課
스케이트	スケート	3課
스키	スキー	3課
스파게티	スパゲッティ	3課
스포츠	スポーツ	2課
슬프다	悲しい	9課
시	時	10課
시간	時間	8課
시계	時計	3課
시골	田舎	5課
시내	市内	8課
시월	10月	10課
시작되다	始まる	10課
시장	市場	8課
시험	試験	10課
식당	食堂	7課

신다	履く	8課
신문	新聞	7課
신발	靴、履物	9課
싫어하다	(〜が) 嫌いだ	8課
십	10	7課
싸다	安い、包む	9課
쌀	米	6課
쓰다	書く、使う	9課
씨	氏、さん	5課
씹다	かむ	12課
씻다	洗う	9課

ㅇ

아기	赤ちゃん、幼児	10課
아까	さっき	2課
아니요	いいえ	5課
아래	下	7課
아마	たぶん	12課
아버지	父、お父さん	2課
아오이	あおい (人の名前)	1課
아이	子供	1課
아이스크림	アイスクリーム	11課
아자	よっしゃ	10課
아저씨	おじさん	2課
아주	とても、たいへん	8課
아침	朝、朝ご飯	10課
아파트	マンション	2課
아프다	痛い	9課
아홉	九つ	10課
안	中	7課
안경	メガネ	4課
안내원	案内員	5課
앉다	座る	8課
알다	知る、分かる	7課
앞	前	7課
애	子供 (縮約形)	3課
약	薬、約	4課
약사	薬剤師	5課

양말	靴下	11課	영	ゼロ、零	7課
어느	どの	6課	영화	映画	9課
어느 것	どれ(어느 거は縮約形)	6課	영화관	映画館	12課
어느 쪽	どちら	6課	옆	横、そば、傍ら	7課
어디	どこ	7課	예	はい	3課
어떻게	どのように	11課	예쁘다	きれいだ、かわいい	9課
어떻다	どうだ	8課	오	5	7課
어렵다	難しい	12課	오늘	今日	10課
어리다	幼い	8課	오다	来る、(雨が)降る	8課
어머니	母、お母さん	2課	오른쪽	右、右側	7課
어제	昨日	10課	오빠	兄(妹から)	2課
언니	姉(妹から)	7課	오이	キュウリ	1課
언제	いつ	10課	오전	午前	7課
얼마	いくら、どのくらい	9課	오후	午後	8課
얼마나	どれくらい	11課	올해	今年	10課
없다	ない、いない	7課	옮기다	移す、運ぶ	12課
에어컨	エアコン	9課	옷	服	4課
여기	ここ	7課	왜	なぜ	3課
여기요	すみません(店員を呼ぶ)	9課	외우다	暗記する	12課
여덟	八つ	10課	왼쪽	左、左側	7課
여동생	妹	9課	요리	料理	8課
여러가지	各種、色々	11課	요리사	調理師	5課
여름	夏	12課	요일	曜日	10課
여섯	六つ	10課	요즘	近ごろ、最近	10課
여우	きつね	1課	우리	私たち(の)	10課
여유	余裕	1課	우산	傘	4課
여행	旅行	12課	우아	優雅	1課
여행하다	旅行する	12課	우유	牛乳	1課
역	駅	9課	우표	切手	2課
연극	演劇	9課	운동장	運動場	8課
연락	連絡	11課	운동하다	運動する	8課
연락하다	連絡する	9課	울다	泣く	9課
연습하다	練習する	12課	웃다	笑う	8課
연필	鉛筆	4課	원	ウォン	9課
열	十	10課	월	月(がつ)	10課
열다	開ける	8課	월요일	月曜日	10課
열심히	一生懸命、熱心に	10課	위	上	3課
엽서	はがき	4課	유리	ガラス	11課

유명하다	有名だ	12課
유월	6月	10課
유학생	留学生	5課
육	6	7課
은행	銀行	7課
음료수	飲料水	7課
음식	食べ物、料理	8課
음악	音楽	4課
의사	医者	3課
의자	椅子	3課
이	2	7課
이	この	6課
이	歯	12課
이것	これ(이거は縮約形)	6課
이렇게	このように	4課
이름	名前	5課
이메일	eメール	9課
이모	母の姉妹	6課
이번	今度、今度の、今回	10課
이번 달	今月	10課
이번 주	今週	10課
이유	理由	1課
이쪽	こちら	6課
인구	人口	12課
인사동	仁寺洞(地名)	6課
인천	仁川(地名)	11課
인터넷	インターネット	4課
인형	人形	12課
일	日(にち)	10課
일	1	7課
일	仕事	6課
일곱	七つ	10課
일본	日本	5課
일본어	日本語	4課
일어나다	起きる	10課
일요일	日曜日	10課
일하다	働く	8課
읽다	読む	8課
입다	着る、履く	9課
입학	入学	4課
있다	ある、いる	7課

ㅈ

자꾸	しきりに	2課
자다	寝る	8課
자동차	自動車	9課
자장면	ジャージャー麺	11課
자전거	自転車	11課
자주	よく、頻繁に	11課
작년	昨年	10課
작다	小さい	8課
잠자다	眠る、寝る	10課
잡다	握る、掴む、取る	11課
잡지	雑誌	4課
잡채	チャプチェ	8課
장	枚	10課
장갑	手袋	4課
장마	梅雨	10課
장미	バラ	8課
재료	材料	11課
저	あの	6課
저	私(わたくし)	5課
저것	あれ(저거は縮約形)	6課
저기	あそこ	7課
저녁	夕方、夕暮れ、夕飯	12課
저쪽	あちら	6課
적다	少ない	9課
전철	電鉄、電車	11課
전통	伝統	7課
전화	電話	7課
전화기	電話機	7課
전화하다	電話する	11課
젊다	若い	9課
점심	昼、昼ご飯	9課
점원	店員	9課
접시	お皿	12課

젓가락	箸	11課
정류장	停留場	7課
정말	本当、本当に	9課
제	私の（わたくしの）	6課
조금	少し、ちょっと	12課
좀	少し、ちょっと	9課
종이	紙	5課
좋다	良い	8課
좋아하다	（〜が）好きだ	8課
주	週	10課
주다	あげる、くれる	8課
주말	週末	7課
주무시다	お休みになる	11課
주문하다	注文する	12課
주부	主婦	5課
주소	住所	9課
주스	ジュース	2課
주의	注意	3課
주차장	駐車場	8課
준비하다	準備する	11課
줄다	減る	12課
중학생	中学生	6課
즐겁다	楽しい	12課
지갑	財布	9課
지금	今	7課
지난	過ぎた〜、先の	10課
지난달	先月	10課
지난주	先週	10課
지내다	（時間を）過ごす	8課
지도	地図	2課
지우개	消しゴム	3課
지하철	地下鉄	4課
직원	職員	4課
질문하다	質問する	12課
짐	荷物	7課
집	家	8課
쪽	側	6課
찍다	（写真を）撮る	8課

ㅊ

차	お茶、車	2課
차갑다	冷たい	12課
창문	窓	5課
찾다	探す、引き出す	8課
책	本	4課
책상	机	4課
천	1000	7課
천천히	ゆっくり	8課
청바지	ジーパン	9課
청소기	掃除機	5課
청소하다	掃除する	12課
체육관	体育館	9課
초대하다	招待する	8課
초콜릿	チョコレート	11課
축하	祝賀	4課
출근하다	出勤する	11課
춥다	寒い	12課
취미	趣味	3課
취소하다	キャンセルする	11課
층	階	7課
치료	治療	9課
치마	スカート	2課
치즈	チーズ	2課
친구	友人、友達	9課
칠	7	7課
침대	ベッド	5課
칫솔	歯ブラシ	4課

ㅋ

카드	カード	2課
칼	ナイフ、包丁、刀	11課
커피	コーヒー	2課
컴퓨터	パソコン	6課
컵	コップ、カップ	6課
케이크	ケーキ	3課
켜다	（電気・明かりを）つける	11課
콜라	コーラ	6課

쿠키	クッキー	2課
크다	大きい	9課
키	身長、背	9課

ㅌ

타다	(～に) 乗る	8課
탑	塔	4課
태권도	テコンドー	8課
태어나다	生まれる	12課
테니스	テニス	3課
텔레비전	テレビ	12課
토끼	ウサギ	2課
토마토	トマト	2課
토요일	土曜日	10課
튼튼하다	丈夫だ	9課
틀다	(スイッチ) つける	9課
티셔츠	Tシャツ	6課

ㅍ

파스타	パスタ	3課
파이팅	頑張れ、ファイト	10課
파티	パーティー	2課
팔	8	7課
팔다	売る	7課
편의점	コンビニ	7課
포도	ブドウ	5課
표	チケット、切符	9課
풀다	解く	11課
피아노	ピアノ	2課
피자	ピザ	3課
필통	筆箱	6課

ㅎ

하나	一つ	10課
하네다	羽田(地名)	11課
하다	する、言う	8課
하다	～(し) ようと思う、(連絡を)取る	11課
학교	学校	4課
학기	学期	10課
학생	学生	7課
한국	韓国	5課
한국어	韓国語	6課
한복	韓服	4課
한식집	韓国料理店	8課
할머니	おばあさん	8課
할아버지	おじいさん	11課
함께	一緒に、共に	12課
항상	常に、いつも	11課
해외	海外	12課
핸드폰	携帯電話	7課
햄버거	ハンバーガー	12課
허리	腰	2課
형	兄(弟から)	5課
호텔	ホテル	8課
홍대	弘大(大学の名前)	8課
화요일	火曜日	10課
회사	会社	3課
회사원	会社員	5課
휴가	休暇	11課
휴게실	休憩室	5課
휴지	ちり紙	2課
희다	白い	3課
힘내다	力を出す、頑張る	10課
힘들다	大変だ、難しい	7課

するする韓国語

|検印廃止|

© 2019 年 1 月 30 日　初 版 発 行
　　2024 年 1 月 30 日　第 2 刷発行

著　者　　　　　　　林　河　運
　　　　　　　　　　朴　瑞　庚

発 行 者　　　　　　原　　雅　久
発 行 所　　　　株式会社　朝 日 出 版 社
　　　　101-0065 東京都千代田区西神田 3 － 3 － 5
　　　　　　電話(03) 3239-0271・72 (直通)
　　　　　　振替口座　東京　00140-2-46008
　　　　　　　　　http://www.asahipress.com/
　　　　　　　　　　　　　　　　倉敷印刷

乱丁，落丁本はお取り替えいたします
ISBN978-4-255-55664-2 C1087

本書の一部あるいは全部を無断で複写複製（撮影・デジタル化を含む）
及び転載することは、法律上で認められた場合を除き、禁じられています。

朝日出版社 ハングル能力検定試験問題集のご案内

改訂新版 ハングル能力検定試験 5級実戦問題集　李昌圭 著

- 問題を類型別に分けたので，実際の試験問題の出題順に始められる
- 類型別問題の対策と解答のポイントを詳しく解説
- 5級出題の文法や語彙などを合格ポイント資料として提示，試験直前の確認にも最適
- ハングル検定対策本のなかで最多の問題数
- 聞き取り問題の音声はもちろん，本書模擬試験・解説はウェブ上で何度でもトライ，確認できる
- 模擬テストで実戦練習ができる
- 筆記と聞き取りの問題の解説を巻末にまとめて収録している

● A5判　● 232p.　● 特色刷　　定価3,080円（本体2,800円＋税10%）（1268）　電子版有

改訂新版 ハングル能力検定試験 4級実戦問題集　李昌圭 著

- 問題を類型別に分けたので，実際の試験問題の出題順に始められる
- 4級出題の文法や語彙などを合格ポイント資料として提示，試験直前の確認にも最適
- ハングル検定対策本のなかで最多の問題数（本試験の9回分以上相当）
- 聞き取り問題の音声はもちろん，本書模擬試験・解説はウェブ上で何度でもトライ，確認できる
- 模擬テストで実戦練習ができる
- 筆記と聞き取りの問題の解説を巻末にまとめて収録している

● A5判　● 256p.　● 特色刷　　定価3,080円（本体2,800円＋税10%）（1250）　電子版有

改訂新版 ハングル能力検定試験 3級実戦問題集　李昌圭 著

- 問題を類型別に分けたので，実際の試験問題の出題順に始められる
- 3級出題の文法や語彙などを合格ポイント資料として提示，試験直前の確認にも最適
- ハングル検定対策本のなかで最多の問題数（本試験の10回分以上相当）
- 聞き取り問題の音声はもちろん，本書模擬試験・解説はウェブ上で何度でもトライ，確認できる
- 模擬テストで実戦練習ができる
- 筆記と聞き取りの問題の解説を巻末にまとめて収録している

● A5判　● 368p.　● 特色刷　　定価3,168円（本体2,880円＋税10%）（1222）　電子版有

ハングル能力検定試験 準2級対策問題集 -筆記編-　李昌圭 著

- 出題内容が体系的に把握でき，試験準備が効率よくできる
- 準2級に出題される語彙や文法事項，発音，漢字等が一目瞭然でわかる
- 本書収録の520題（本試験の11回分相当）の豊富な問題を通してすべての出題形式の問題が実戦的に練習できる
- 間違えた問題や不得意な問題は印をつけ，繰り返し練習ができる

● A5判　● 360p.　● 特色刷　　定価2,640円（本体2,400円＋税10%）（743）　電子版有

ハングル能力検定試験 準2級対策問題集 -聞き取り編-　李昌圭 著

- 出題の傾向，学習ポイントが全体的・体系的に理解できるように，過去問を詳細に分析して出題内容を類型別に整理・解説
- 問題の類型と傾向，頻出語句，選択肢，文法事項などが一目で分かるように，問題類型別に重要なポイントをまとめて「合格資料」として提示
- 本試験と同じ練習問題を通して実戦的に練習ができるように，豊富な練習問題を類型別にまとめて本試験と同じ出題順に提示
- すべての問題は本試験と同じ形式で添付の音声ファイルCD-ROMに収録。実戦的に繰り返し練習ができ，聴力を鍛えることができる

● A5判　● 280p.　● 特色刷　● 音声ファイルCD-ROM付　定価2,860円（本体2,600円＋税10%）（1028）　電子版有

（株）朝日出版社

〒101-0065　東京都千代田区西神田3-3-5
TEL：03-3263-3321　　FAX：03-5226-9599
E-mail：info@asahipress.com　　http://www.asahipress.com/

最新の刊行情報はこちら

←LINEスタンプ「キムチフレンズ」好評発売中！
※詳細はQRコードから！